かんたん、かわいい、たのしい
ラッピングレッスンBOOK

包むファクトリー

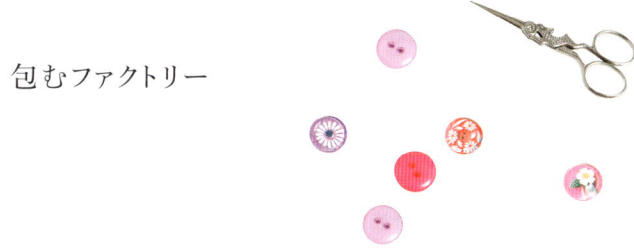

日本文芸社

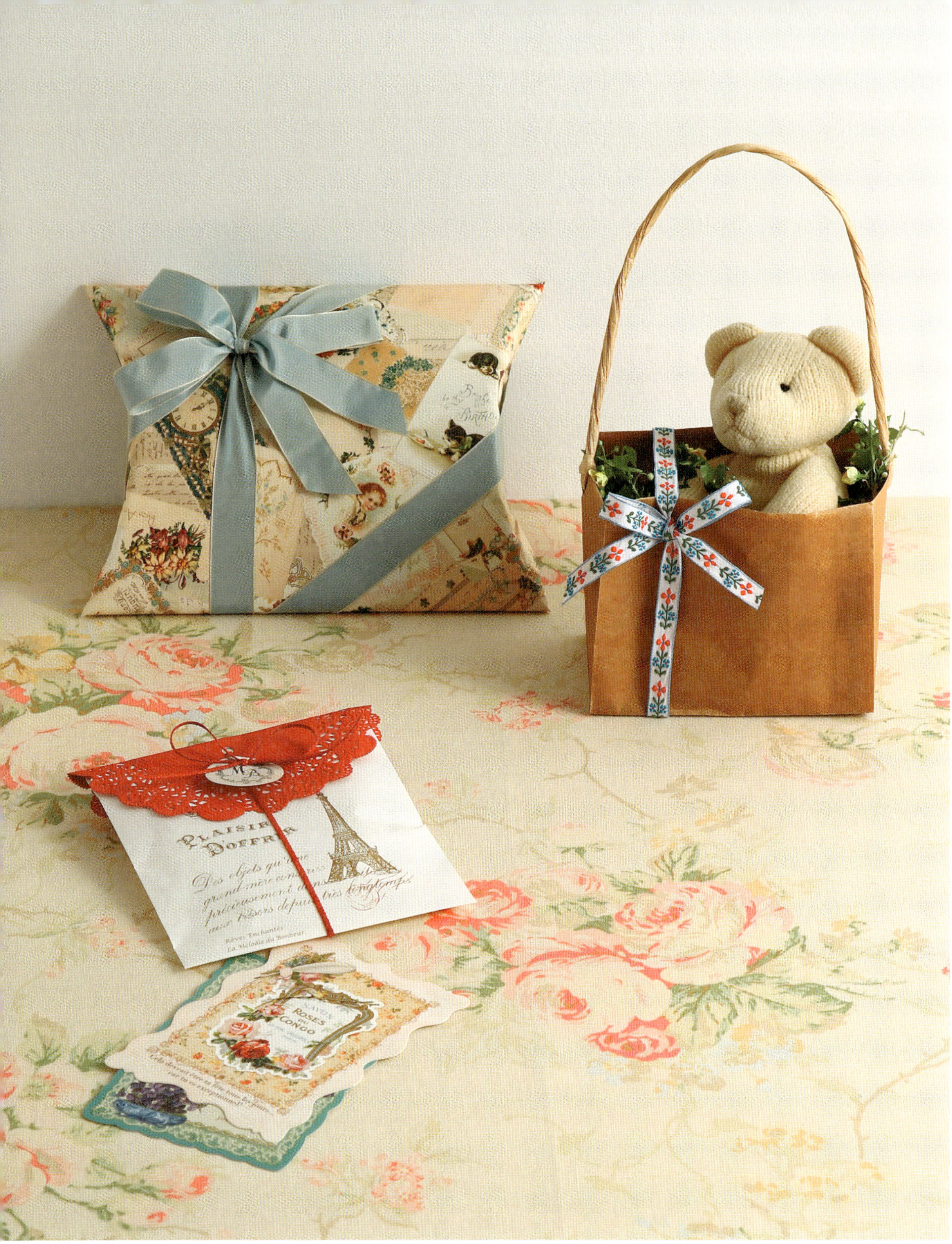

Birthday

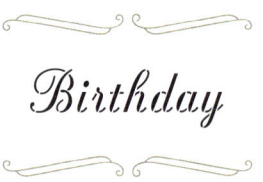

誕生日のお祝いは女の子らしくガーリーテイストで

ラッピング:左上 ▷ P58(girly)　左下 ▷ P62(girly)　右 ▷ P78

Gift wrapping シーンでラッピングを楽しんで

サムシングブルーを意識して、ナチュラルなウエディング・ギフト

ラッピング：左 ▷ P86　右 ▷ P80

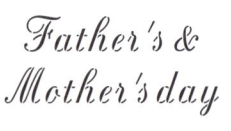
Father's &
Mother's day

父の日、母の日にはシンボルの花を添えてナチュラルに

ラッピング：左・右 ▷ P104

Gift wrapping シーンでラッピングを楽しんで

静かな聖夜の贈り物は、大人っぽくシックな装いで

ラッピング：左上 ▷ P47（chic）　左下 ▷ P59（chic）　右 ▷ P74

St. Valentine's day

気になる彼へはクールなラッピングがおすすめ

ラッピング：左上 ▷ P50（cool）　左下 ▷ P92　右 ▷ P92

Gift wrapping シーンでラッピングを楽しんで

ポップな雰囲気で楽しみたいホームパーティ

ラッピング：左 ▷ P76　中 ▷ P72　右 ▷ P106

Contents

2　**Gift wrapping**
　　シーンでラッピングを楽しんで

11　本書の使い方

12　ラッピングをはじめる前に
　　基本の道具と材料

14　ラッピングをはじめる前に
　　基本のテクニック

LESSON 1　基本のラッピング

リボンのかけ方、結び方

16　十字がけ

24　ななめ包み

16　ななめがけ

26　スクエア包み

18　ベーシックループA

28　しぼり包み

19　ベーシックループB

30　コンケイブ包み

20　キャラメル包み

32　紙袋、不織布袋の
　　とじ方

22　厚い箱、薄い箱の
　　包み方

column 1
34　お気に入りのペーパーで作る紙袋

LESSON 2 アレンジでもっとキュートに

- *36* リボンの結び方のアレンジ
- *40* キャラメル包みのアレンジ
- *44* ななめ包みのアレンジ
- *48* スクエア包みのアレンジ
- *52* しぼり包みのアレンジ
- *56* コンケイブ包みのアレンジ
- *60* 紙袋のアレンジ
- *64* 不織布袋のアレンジ

column 2 68 リボンにプラスしたい、おすすめグッズ

LESSON 3   アイディアたくさん、いちばんのプレゼント

70 　長いものを包む

72 　ワインボトルを包む

74 　布類を包む

76 　コーヒー、茶葉を包む

78 　鉢植えの植物を包む

80 　写真を包む

82 　本・文房具を包む

84 　アクセサリーを包む

86 　小物を組み合わせて包む①

88 　小物を組み合わせて包む②

90 　われものを包む

92 　お菓子を包む

column 3
94 　なんにでも使えるチャイニーズ・カートン

LESSON 4 　和のアイテムだって、こんなにかわいい

　*96*　茶筒を包む

　*102*　和小物を包む

　*98*　夫婦ばしを包む

　*104*　ふろしきを包む

　*100*　和食器を包む

　*106*　和菓子を包む

column 4
108　慶事・弔事の包み方のマナー

本書の使い方

本書では、ラッピングの基本から応用のアレンジまで、
幅広くラッピングを楽しめるテクニック、アイディアを紹介しています。

[Lesson 1]
箱の包み方、不織布袋や紙袋の使い方、リボンのかけ方と結び方を説明しています。ラッピングの基本となる章です。基本の包み方、結び方がわからなくなったら、この章を見返してみてください。

[Lesson 2]
Lesson1のテクニックを元に、ペーパーやリボンをアレンジしたラッピングを紹介しています。ラッピングのテイストを、基本のナチュラル、ガーリー、クール、シック、ポップの5つに分けて、それぞれに合ったデザインを提案しています。

[Lesson 3]
箱や袋だけでなく、ギフトに合わせたラッピングを紹介します。長いもの、複数のもの、写真やお菓子など、手作りや包み方に迷うものを取り上げています。

[Lesson 4]
和のギフトに合うラッピングを紹介します。ラッピング材も和テイストのものをチョイス。和ならではの雰囲気が感じられるラッピング提案です。章末のコラムでは、お祝いごと、お悔やみごとに関するラッピングのマナーを紹介します。

※本書に記載されている材料について、サイズや分量は厳密なものではなく目安となるものです。また、リボンの太さ、レースペーパーやオーナメントのサイズ、造花の種類などは指定していません。いずれも、実際のラッピングに合わせて大きさや数、種類などを調整してください。

ラッピングを
はじめる前に　＞　# 基本の道具と材料

🌿 道具

カッター
ラッピングペーパーをカットするときに使います。細いタイプで、刃が長く出せるものにします。刃が短くなっている場合は取り替えておきましょう。

はさみ
リボンやひもをカットするときに使います。ワイヤーを切ると刃が傷むので、ワイヤーには、専用のはさみを用意しましょう。低価格のものでかまいません。

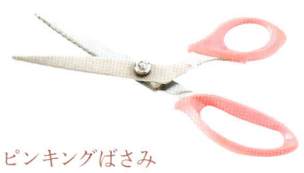

ピンキングばさみ
切り口が山型になるはさみです。リボンや袋の口に使うと、それだけでアクセントになります。

両面テープ
ペーパーを貼り合わせるときに使います。10mm前後幅のものが使いやすいでしょう。ただし、使う場所は最小限にとどめます。

マスキングテープ
箱やペーパーを傷めずに貼ったり、はがしたりできるテープです。2つの粘着面を貼り合わせてリボンにしたり、ものを固定したりするときにも使います。

メジャー
箱やペーパーのサイズを測ります。箱に対してペーパーが大きすぎるときれいに包めません。包み方に合わせて、ペーパーのサイズを確認しましょう。

ステープラー
リボンや袋の口をとめるときに使います。色つきの芯もありますが、基本的には芯は見えない位置で使うようにします。

穴あけパンチ
ペーパーに穴をあけてリボンなどを通すアレンジで使用します。2つ穴のものと1つ穴のものがあります。

ラジオペンチ
先が細くなった工具で、ワイヤーを切ったり、細工したりするときに使います。

あると便利なもの

クッション材
ギフトを入れた箱にすき間があるときなどに使います。紙製やエアパッキンなど専用のクッション材のほか、グラシン紙などを丸めて使うこともできます。

布類
ペーパーの代わりにものを包むことができます。季節を表現した柄や、メッセージなど文字入りのものもあります。

オーナメント
ワイヤーつき、クリップタイプ、ぶら下げタイプなど、さまざまなものがあります。ラッピングのアクセントにしましょう。

材料

【箱・袋】

入れる品物の大きさ、形などに合わせて箱や袋を選びます。袋のほうがカジュアルな印象になります。

箱 　　　　　　　　　　　　袋

【ペーパー】

リボンの有無、包み方に合わせて選びます。天地がある柄は仕上がり時の向きに注意して使いましょう。

柄物　　　　　　　無地　　　　　　　エンボス

薄紙　　　　　トレーシングペーパー　　　セロファン

【リボン・ひも】

ペーパーやギフトのイメージに合わせて選びます。複数本を合わせて使うこともできます。

無地　　　　　　　柄物　　　　　　　ひも類

シール

ラッピングの封をしたり、カジュアルなギフトではリボンの代わりに使えます。

レースペーパー

リボンの下に敷いたり、箱にはさんでアクセントにしたりします。適度な大きさにカットしてリボンをつけると、オリジナルのタグも作れます。

ワイヤー

リボンなどにオーナメントをつけるときに使います。

ラッピングをはじめる前に　基本のテクニック

【ペーパーの切り方】

カッターの刃を長く出す
細身のカッターの刃は5cm以上出します。ペーパーはカットする場所にきちんと折り目をつけておきましょう。

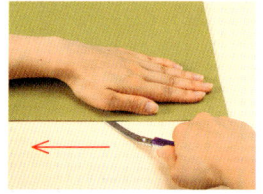

横に切る場合
手をペーパーと平行に置き、折り目をしっかりおさえて、カッターを右から左に移動させます。カッターは刃が軽くしなるくらいに押しつけ、切り口からはずさないように動かします。

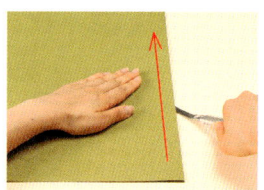

縦に切る場合
ペーパーを片手でしっかりおさえ、カッターは下から上に移動させ、切り口からはずさないように動かします。

これはNG!

カットする方向に手を置く
カッターの動く方向に手があると危険です。

【包み方】

押す
箱にぴったり密着させるために、紙を手のひらでおさえ、左右から押します。

引く
一方の紙をおさえ、もう一方の紙を引っぱります。たるみが出てしまうときれいに包めません。

角はきっちりと折り目をつける
角を包むときは、折り目をしっかりつけて包むときれいに仕上がります。

これはNG!

箱を浮かせる
箱はできるだけ動かさないのが鉄則。机の上で包みましょう。

【テープの貼り方】

化粧折りにするときれいに見える
ペーパーの端を内側に1回折ってからとめる方法が化粧折りです。両面テープは内側に折った部分につけます。

これはNG!

仮止めが見える
仮止めをするときは、仕上がったときに表に見えない場所に貼ります。

これはNG!

セロハンテープを使う
ペーパーをとめる際は、両面テープを使用するのが基本。とくに表に見える部分にセロハンテープを使うと仕上がりがきれいに見えません。

【リボンの使い方】

リボンは最後にカットする
リボンはギリギリの長さで使用せずに、長めに用意しましょう。結び終わったあとに、余分な部分をカットします。

LESSON 1
基本のラッピング

りぼんのかけ方、結び方、箱の包み方など
基本となるラッピングのテクニックを紹介します。

用意するリボンの長さとかけ方

リボンの分量は、好みのかけ方の分と、作りたい輪の数、たれ2本分の長さが必要です。結び終わったあとに、たれをカットするので、実際に使う分量よりも長めに用意しておきましょう。

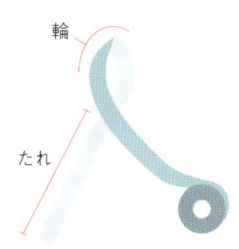

輪

たれ

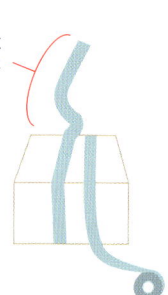

輪1つ分と
たれ1本分の長さ

リボンをかけるときは最初に、輪1つ分と、たれ1本分の長さを残して、かけはじめます。

リボンのかけ方、結び方

LESSON 1
基本のラッピング

リボンは、かけ方や結び方によって印象がガラッと変わります。
まずは、十字がけや蝶結びなどベーシックな形を覚えておくと、何かと使えて便利です。

【十字がけ】

材料
* 箱など
* リボン
  箱の短いほう1周＋長いほう1周
  ＋好みのリボンの結び方分

【ななめがけ】

材料
* 箱など
* リボン
  箱にななめに1周かけた長さ
  ＋好みのリボンの結び方分

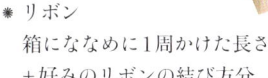

十字がけ

1 リボンは最初に、輪1つ分と、たれ1本分の長さを残して、箱の縦に1周巻く。

2 リボンを結びたい位置で、上下のリボンを時計回りに交差させる。

3 左側のリボンを横に1周させる。

4 右側から出ているリボンを、左下から右上へ、すべてのリボンの下をくぐらせて通す。

5 右上と左下にひっぱる。十字がけの完成。

ななめがけ

1 リボンは最初に、輪1つ分と、たれ1本分の長さを残して、左上の角にななめにかける。

2 リボンを箱の左下の角にくぐらせ、右下の角にかかるように出す。

3 リボンを箱の右上の角にくぐらせ、左上から出す。

4 残しておいた輪とたれ分のリボンを下にくぐらせる。

5 左上と右下にひっぱる。ななめがけの完成。

ベーシックループ A

裏表のないリボンに向いている結び方で基本の蝶結びです。

材料

* 箱など
* リボン
  好みのかけ方の長さ（ここでは十字がけ）＋
  ベーシックループA（蝶結び）分

1 リボンは好みのかけ方をする。

2 左下に出ているリボンで輪を1つ作る。

3 右上（輪とたれ分）のリボンを**2**の輪の上から手前にかぶせる。

4 巻きはじめの部分にくぐらせ、矢印のように通す。

5 2つの輪が同じ大きさになるように調整する。

6 左の輪の上側と、右の輪の下側をひっぱってしめる。たれを好みの長さにカットして完成。

LESSON 1
基本のラッピング

ベーシックループ B

絵柄や文字などが入った
裏表のあるリボンに向いている結び方です。

材料

＊ 箱など
＊ リボン
　好みのかけ方の長さ（ここでは十字がけ）+
　ベーシックループB（蝶結び）分

1 リボンは好みのかけ方をする。右上に出ているリボンは裏、左下に出ているリボンは表にする。

4 2の輪にもう1度かぶせる。リボンは表が表面に見えるように気をつける。

2 左下に出ているリボンで輪を1つ作る。

5 3で巻いた輪から4でかぶせたリボンを引き出す。

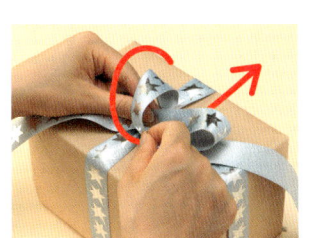

3 右上（輪とたれ分）のリボンで2の輪を1度巻く。

6 両方の輪の下側をひっぱってしめる。たれを好みの長さにカットして完成。

LESSON 1
基本のラッピング

キャラメル包み

箱の大きさに合わせて包み、ペーパーの分量が少なくてすむ定番の包み方です。
いろいろなアレンジが楽しめ、テクニックも簡単なので初心者におすすめ。

材料
* 箱
* ペーパー
  縦:箱の縦の長さ+{高さの2/3×2}
  横:箱の横1周+のりしろ1.5cm
  [プロセス1参照]

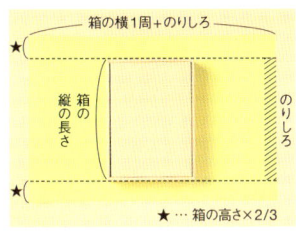

1 箱の底面を上にしてペーパーの中央に置く。

5 三角に折ったペーパーの下部分を箱の側面に沿ってかぶせ、折り目をつける。

2 ペーパーののりしろ部分に両面テープを貼り、箱の中央でとめる。

6 折り目をつけた部分を箱の高さの半分になるように内側に折る。

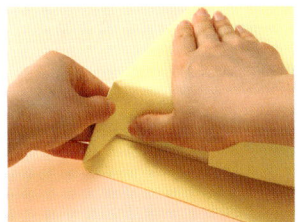

3 ペーパーの上部分を箱の側面に沿わせて下に折る。両端はななめに折る。

7 半分に折ったペーパーの縁に両面テープを貼ってとめる。

4 ペーパーの左右部分を箱の側面に沿わせて内側に折る。ペーパーの下部分を三角に折る。

8 反対側も3〜7と同様にする。表に返して完成。

厚い箱、薄い箱の包み方 キャラメル包み

キャラメル包みは箱の厚さによってペーパーの処理が変わります。
はみ出したペーパーをきちんと折り返すのが、きれいに仕上げるポイントです。

【厚い箱】

材料
* 箱（立方体など高さのあるもの）
* ペーパー（サイズ→P21）

1 21ページのプロセス1〜4と同様に箱を包む。高さがある箱の場合、プロセス4の段階でペーパーの下部分が三角になる。

2 写真のように端を少し折り返す。こうすると端が縁からはみ出ず、きれいに仕上がる。

3 縁に両面テープを貼り、上に折ってとめる。反対側も同様にし、箱を表に返して完成。

【薄い箱】

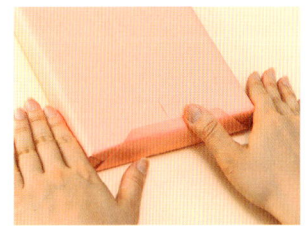

材料
* 箱（高さのない平たいもの）
* ペーパー　縦：箱の縦の長さ＋|高さ×2|＋2㎝
　　　　　　横：箱の横1周＋のりしろ1.5㎝

1 21ページの1〜4と同様に箱を包む。ペーパーの下部分を箱の側面に沿ってかぶせ、折り目をつける。

2 折り目をつけた下側のペーパーを内側に折り、縁に両面テープを貼ってとめる。

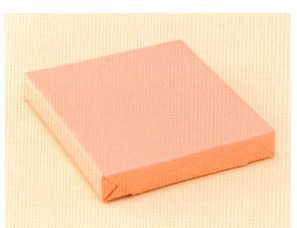

3 反対側も同様にし、箱を表に返して完成。

LESSON 1
基本のラッピング

ななめ包み

「デパート包み」とも呼ばれ、箱を転がしながら包みます。
祝儀・不祝儀などのフォーマルギフトに多い包み方で、長方形の箱を包むのに向いています。

材料

* 箱
* ペーパー
  対角線の長さが箱の短いほうを1周半+4cm の長方形
  ［プロセス**1**参照］

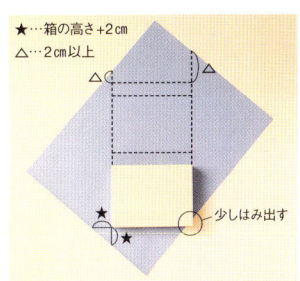

1 箱の表面を上にして、写真のように置く。箱の右手前の角が少しはみ出すようにする。

★…箱の高さ+2cm
△…2cm以上
少しはみ出す

5 ペーパーの右側も**2**〜**3**と同様に折る。

2 ペーパーの手前を箱にかぶせるように折り、左側は三角形のタックを寄せるように立ち上げる。

6 右側のたるんでいるペーパーをタックを寄せるようにつまんで、折る。

3 箱の側面に沿うようにペーパーの左側を箱にかぶせる。

7 ペーパーの奥を持ち上げて、左と右の長さが1:2の山型になるように内側に折る。

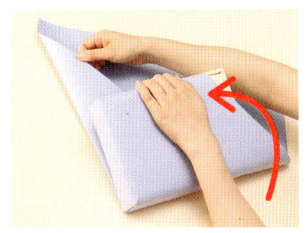

4 ペーパーの奥も**2**のように大きくタックを寄せ、側面に折り目を合わせながら箱を起こし、手前から奥に倒す。

8 端に両面テープを貼ってかぶせてとめ、箱を表にして完成。

スクエア包み

正方形のペーパーの角を中央に折って包む方法で、「ふろしき包み」とも呼びます。
ペーパーの貼り合わせ面を表にして仕上げる場合は箱の表面を上に、裏面にして仕上げる場合は箱の底を上にして包みます。

材料

* 箱
* ペーパー
  箱を中心にのせて4つの角をかぶせたとき、それぞれの縁が2cm以上重なる正方形
  ［プロセス1参照］

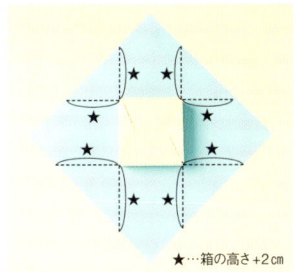

1 ペーパーの貼り合わせを表にするので、箱の表面を上にして、ペーパーの中央に置く。

★…箱の高さ+2cm

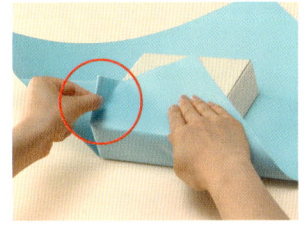

2 ペーパーの手前を箱にかぶせるように折り、左側は三角形のタックを寄せるように立ち上げる。

3 ペーパーの左側を箱にかぶせて折り目をつける。このとき、箱の手前の縁にペーパーの縁が合うようにする。

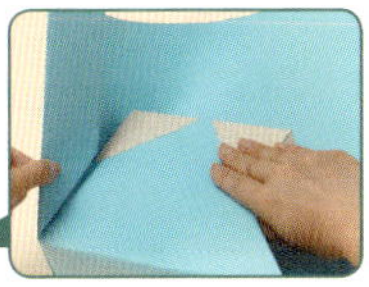

4 3のペーパーの縁を内側に折る。このとき、折り目が箱の対角線上になる角度で折る。2の三角の部分は、この部分にはさむ。

5 ペーパーの右側も2～4と同様に折る。

6 ペーパーの奥を持ち上げて、両脇のたるみ部分は三角形のタックを寄せるように折る。

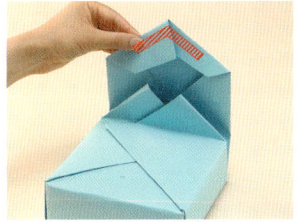

7 持ち上げたペーパーの端を1～2cm内側に折り、その部分に両面テープを貼る。

8 ペーパーを貼り合わせて完成。

しぼり包み

LESSON 1
基本のラッピング

しぼり包みは、不織布や布などやわらかい素材を使う包み方です。
寄せた部分をリボンで結び、ふんわりとさせるので、華やかな雰囲気になります。

材料
* 箱
* 不織布（布などでも可）
  縦：箱の縦1周＋のりしろ1.5cm
  横：箱の横1周＋しぼり分
  ［プロセス1参照］
* リボン
  好みの結び方ができる分量
  （ここではベーシックループA）

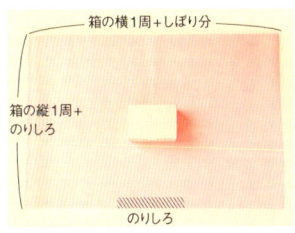

1 箱の表面を上にして、不織布の中央に置く。

5 反対側も同様にし、ていねいにギャザーを寄せてまとめる。

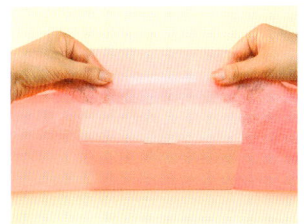

2 不織布ののりしろ部分に両面テープを貼る。箱を2〜3cm右によせ、不織布の奥と手前を箱にかぶせて中央でとめる。

6 ギャザーの根元を箱の中心よりも右側に寄せる。不織布の上部分は指でつまむようにして形を整える。

3 不織布の左側の真ん中をつまみ、持ち上げる。

7 しぼった部分にリボンをかけてかたく結ぶ。しぼりがくずれそうなら、輪ゴムなどで仮どめしてからリボンをかけてもOK。

4 持ち上げた不織布の縁が、箱の側面の縁に沿うように折る。折り込んだ部分にしわができないようにする。

8 好みの結び方をして完成。写真はベーシックループA。
ベーシックループA ▷ P18

コンケイブ包み

LESSON 1
基本のラッピング

両脇が内側にカーブしたコンケイブボックス（ピローボックス）は、衣類などやわらかいものを入れるのに適しています。
特徴的な形が難しく見えますが、キャラメル包みを応用するときれいに包むことができます。

材料
＊ 箱（コンケイブボックス）
＊ ペーパー
縦：箱のくびれた部分の長さ＋
｜箱の高さ×2/3×2｜
横：箱の横1周＋のりしろ1.5cm
［プロセス1参照］

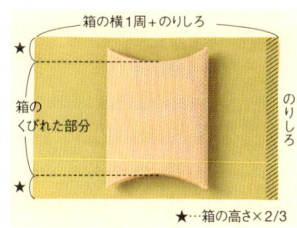

1 箱の底面を上にしてペーパーの中央に置く。

5 ペーパーの下部分を箱の高さの半分になるように内側に折る。

2 ペーパーののりしろ部分に両面テープを貼り、箱の中央で重ねてとめる。

6 折った部分に両面テープを貼り、とめる。

3 ペーパーの上部分を箱の側面に沿わせて折り、箱の形に合わせてしっかりと折り目をつける。

7 反対側も**3**〜**6**と同様にする。箱を表に返して完成。

4 ペーパーの下部分の右端を少し内側に折る。左端も同様にする。

紙袋、不織布袋のとじ方

LESSON 1
基本のラッピング

紙袋や不織布袋は、箱よりも気軽に使えて便利なアイテム。
ペーパーよりもアレンジの幅が広いのも魅力です。ここでは基本のとじ方を紹介します。

【紙袋】

材料
* 底にマチのある紙袋
* リボン
　一字がけ＋ベーシックループA分

1 袋の口を折る。

2 リボンは輪1つとたれ1本分を残し、縦に1周巻く。巻くリボンは残したリボンの左側に出し、残したリボンを巻いたリボンの上からくぐらせ、右上に出す。これで一字がけとなる。

3 リボンをベーシックループAで結び、完成。
ベーシックループA ▷ P18

【不織布袋】

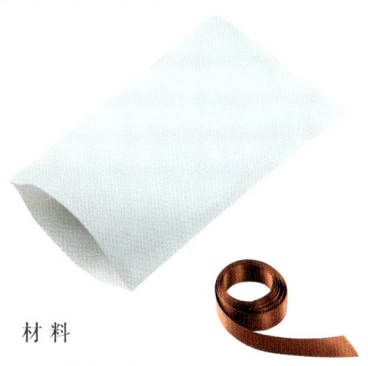

材料
* 不織布の袋
* リボン
　しぼり1周＋ベーシックループA分

1 袋の端からギャザーを寄せていく。

2 すべて寄せたら、ギャザーの根元が左右中央にあるか確認し、口の形をととのえる。

3 ギャザーの根元にリボンをかけ、ベーシックループAで結ぶ。形をととのえて完成。
ベーシックループA ▷ P18

column 1
お気に入りのペーパーで作る紙袋

市販の紙袋は種類も多様ですが、お気に入りのペーパーがあるなら自分で作ることもできます。オリジナルなら大きさも自由に変えられますし厚めのペーパーで作れば市販品よりじょうぶなものができあがります。ここでは角底袋の作り方を紹介します。

ペーパーに図のように折り目をつけておきます。

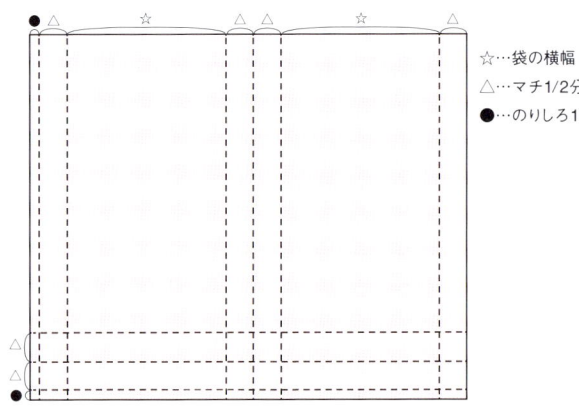

☆…袋の横幅
△…マチ1/2分
●…のりしろ1.5㎝

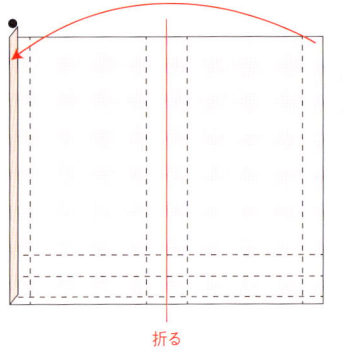

1 左側ののりしろに両面テープを貼り、ペーパーを筒状に貼り合わせる。

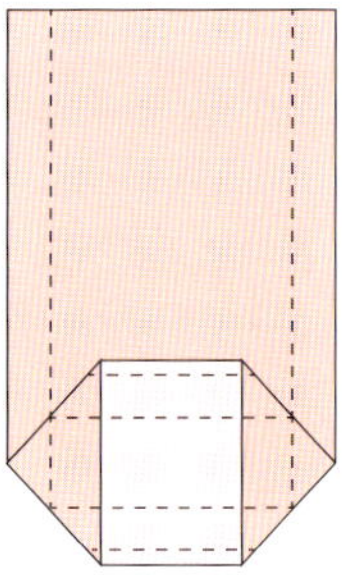

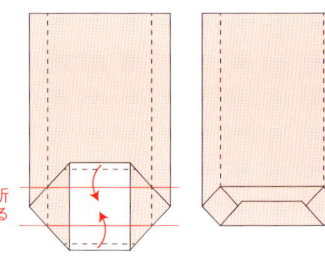

3 2で折った底部分を両側から押して開く。

4 底部分を折り目に沿って図の位置で折り、両面テープで貼り合わせる。

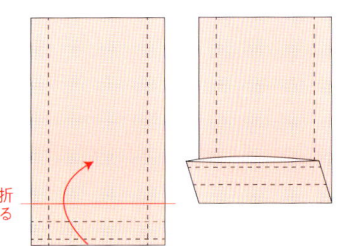

2 底部分を図の位置で折る。

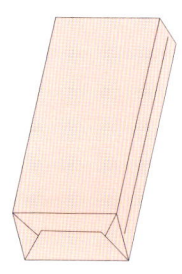

5 袋状に広げて完成。

LESSON 2

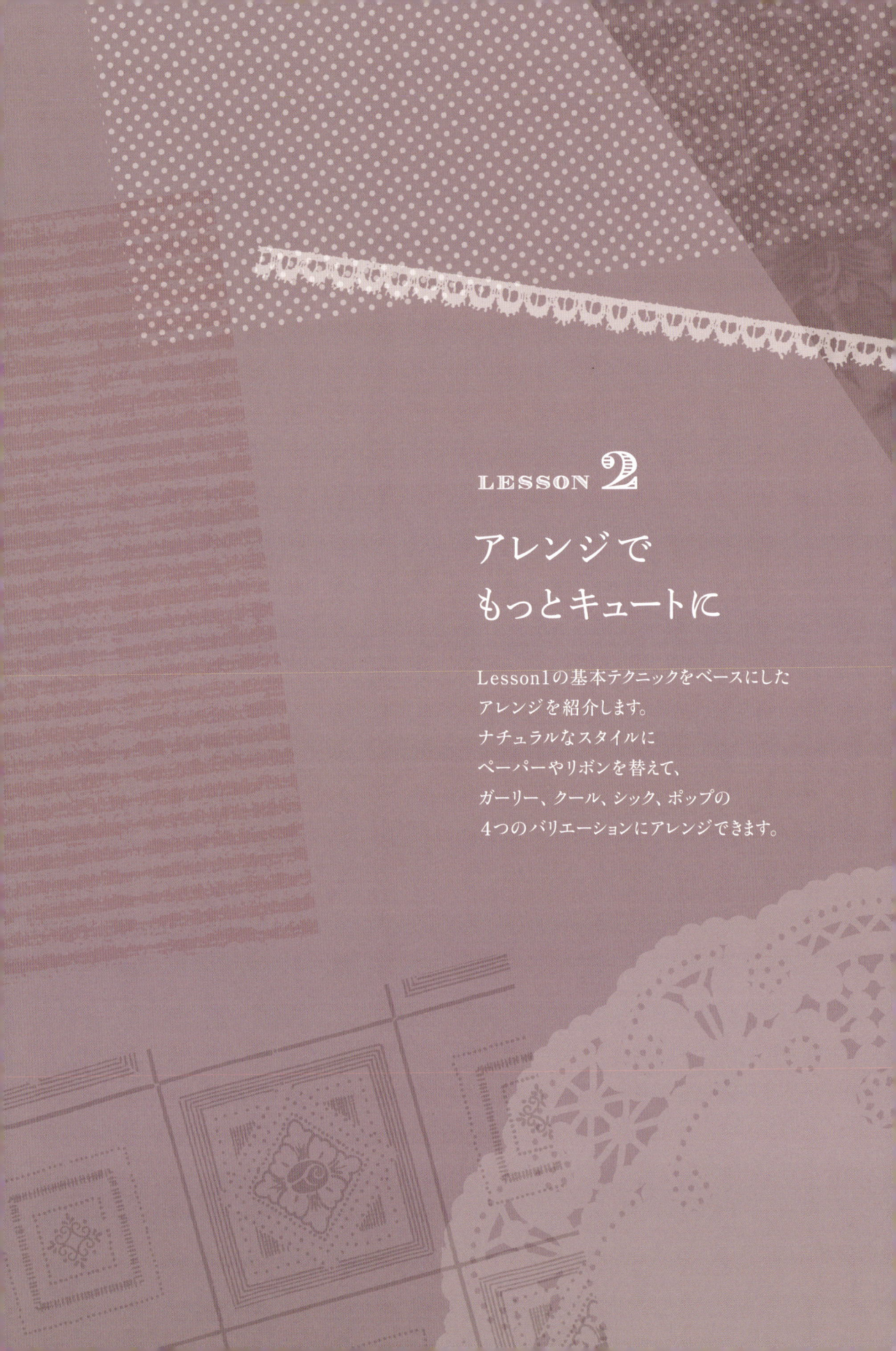

アレンジで
もっとキュートに

Lesson1の基本テクニックをベースにした
アレンジを紹介します。
ナチュラルなスタイルに
ペーパーやリボンを替えて、
ガーリー、クール、シック、ポップの
4つのバリエーションにアレンジできます。

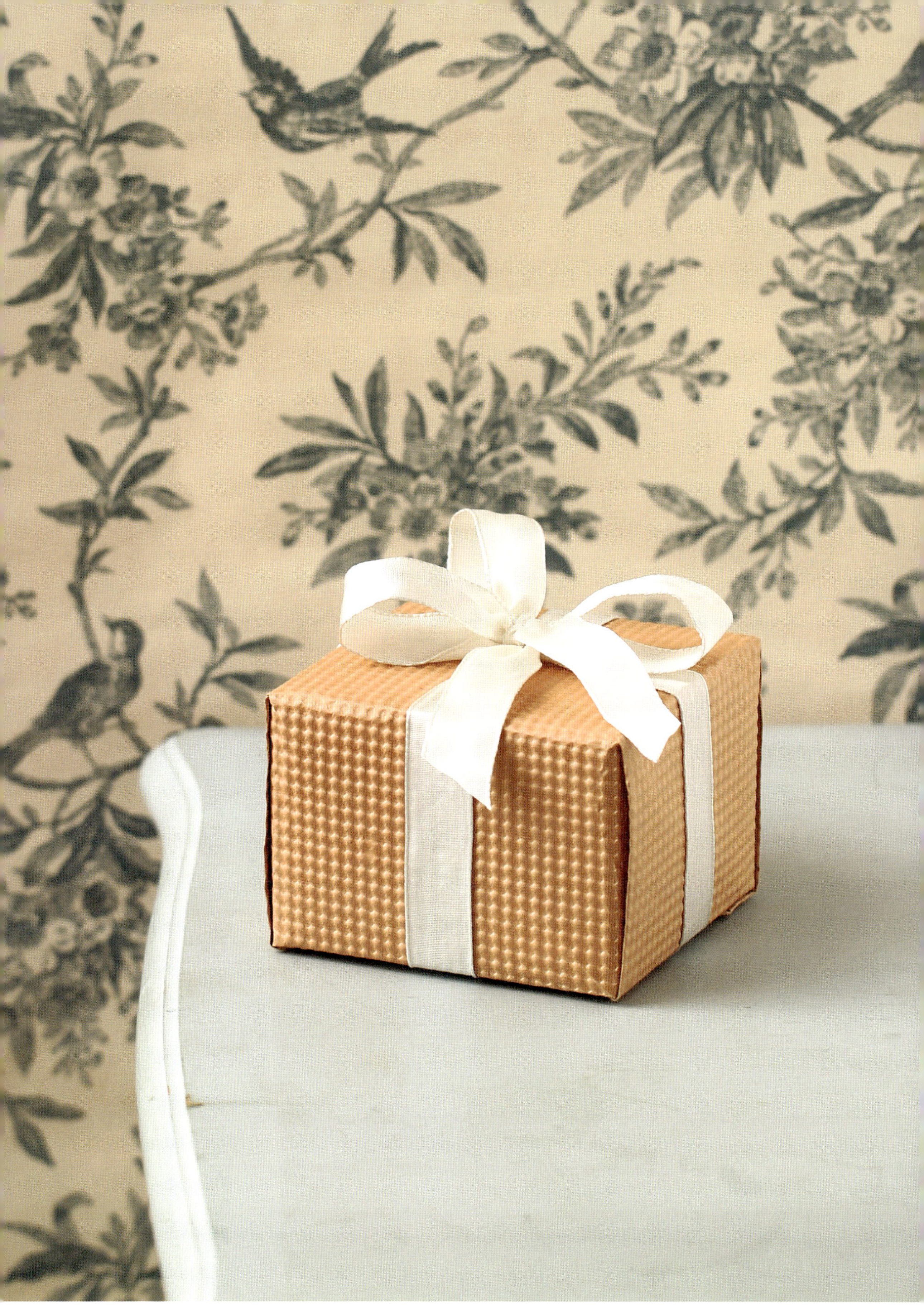

LESSON 2

アレンジでもっとキュートに

リボンの結び方のアレンジ

ベーシックループの輪を増やすことで、トリプルループ、フォーループという結び方にアレンジできます。
また中心に小さな輪を作ると、センターループという結び方になります。
より華やかに仕上げたいときには、リボンの2本づかいもおすすめです。

材料
* ワイヤーリボン
  十字がけ+トリプルループ分（輪3つとたれ2本）

トリプルループ

1 リボンを十字がけにする。
十字がけ ▷ P17

2 左下のリボンで、右上に向かって輪を1つ作る。

3 2と同じリボンで左下にもう1つ輪を作り、8の字になるようにする。

4 右上のリボンを8の字の中心にかぶせるようにして巻く。

5 巻いたリボンを、巻きはじめの部分にできた輪に、くぐらせる。

6 くぐらせたリボンの輪を引き出す。輪の大きさを整えたら、引き出した輪の上部と右の輪の下部をひっぱって、かたく結ぶ。

7 たれを好みの長さにカットしてトリプルループが完成。

Point
輪の大きさは均等にするときれいに見える

リボンで複数の輪を作るときは、輪の大きさが均等になるように調整すると仕上がりがきれいです。リボンは結び終わったあとに、たれをカットするので長めに用意します。

リボンの結び方のアレンジ
バリエーション

Girly ガーリー

材料
* オーガンジーリボン（太）
  一字がけ＋ベーシックループA分
* スエードリボン（細）
  トリプルループ＋センターループ分

一字がけ ▷ P33【紙袋】プロセス2
ベーシックループA ▷ P18
トリプルループ ▷ P37

センターループ

1 横に一字がけしたリボン（太）をベーシックループAで結び、その結び目にリボン（細）を通す。

2 左側のリボン（細）でトリプルループの8の字を作ったあと、その中心にセンターループの小さな輪を作る。

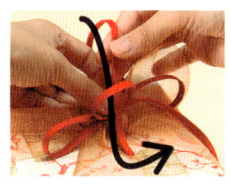

3 右側のリボン（細）を、上から下に向かってセンターループの輪に通す。

4 通したリボン（細）は、8の字とセンターループの根元をくぐらせ、もう1つ輪を作る。たれをカットして完成。

Cool クール

材料
* サテンリボン（太）
  十字がけ＋トリプルループ分
* サテンリボン（細）
  ベーシックループA＋センターループ分

十字がけ ▷ P17
トリプルループ ▷ P37
ベーシックループA ▷ P18

1 リボン（太）を十字がけにし、トリプルループの途中、8の字を作った上にリボン（細）を置く。その状態でリボン（太）をトリプルループで結ぶ。

2 左側のリボン（細）でベーシックループAの輪を1つ作る。さらにセンターループの小さい輪を作る。

3 右上側のリボン（細）をセンターループに通す。

4 通したリボンは、2で作った2つの輪の根元をくぐらせ、もう1つ輪を作る。たれをカットして完成。

LESSON 2
アレンジでもっとキュートに

Chic
シック

材料
* ワイヤーリボン（茶）
  十字がけ＋ベーシックループA分
* レースリボン（白）
  十字がけ＋フォーループ＋センターループ分

十字がけ ▷ P17
ベーシックループA ▷ P18

フォーループ

1 ワイヤーリボンの上にレースリボンを重ね、2本一緒に十字がけにする。

2 ワイヤーリボンだけをベーシックループAで結ぶ。

3 左下のレースリボンで、右①・左②・右③の順にフォーループ用の輪を3つ作る。さらにセンターループの輪1つ④を作る。

4 右上のレースリボンをセンターループに通し、3で作った4つの輪の根元をくぐらせ、もう1つ輪を作る。たれをカットして完成。

Pop
ポップ

材料
* リボン
  V字がけ＋トリプルループ分

トリプルループ ▷ P37

V字がけ

1 リボンは、輪1つとたれ1本分①を残し、縦に2回巻く②③。

2 右側のリボン③を左下にくるよう移動し、左側のリボン①をリボン②と③の下をくぐらせて通す。ギュッと引くとV字がけとなる。

3 リボンをトリプルループで結ぶ。たれをカットして完成。

Point
V字がけは細めのリボンのほうがやりやすいかけかたです。長方形の箱などに向いていて、上のほうで結ぶとバランスがよく見えます。

THICK
CREAM
NATURE SPICE
NATURE SPICE'S
"ORGANIC"
HOME MADE
PURE MARMALADE
Vieux batiments
de Paris
Arc de Triomphe
Hôtel des Invalides

LESSON 2

アレンジでもっとキュートに

キャラメル包みのアレンジ

キャラメル包みの表面はフラットな仕上がりになるため、
リボンの位置でさまざまな表情を出すことができます。
シールを貼ったり、カードなどをはさみ込んでアレンジしましょう。
キャラメル包み ▷ P21

材料
* 箱
* ペーパー
  縦：箱の縦の長さ＋|高さの2/3×2|
  横：箱の横1周＋のりしろ1.5cm
* 紙ひも　3種
  十字がけ＋ベーシックループA分
* シール　2種

1 箱は底面を上にしてペーパーの中央に置く。左右を貼り合わせる。

2 基本のキャラメル包みの手順で箱を包む。

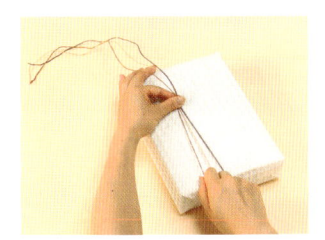

3 紙ひも3本を一緒に持ち、結び目の位置を決める。結び目は箱の中心から少し左上にずらす。

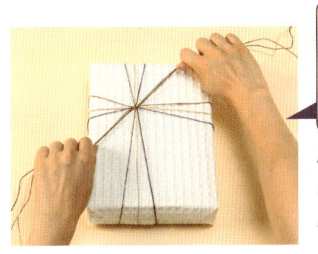

4 紙ひもを3本一緒に十字がけにする。
十字がけ ▷ P17

5 紙ひもをベーシックループAで結ぶ。
ベーシックループA ▷ P18

6 紙ひもの左右のたれを、それぞれ3本一緒に玉結びにする。

7 たれを結び目の部分でカットし、シールを貼る。

Point
シールは向きを変えて重ね貼りする

シールはまっすぐに貼るよりも、ななめに貼って変化を出しましょう。何枚か貼るときは、向きを変えながら少しだけ重なるようにするとバランスが整えやすくなります。

キャラメル包みのアレンジ
バリエーション

Girly
ガーリー

材料
* 箱
* ペーパー（サイズ→P41）
* サテンリボン
　十字がけ＋ベーシックループA分
* レースペーパー

1 箱をキャラメル包みで包む。リボンは箱の左下にくるようにする。
キャラメル包み ▷ P21

2 リボンを十字がけにして、ベーシックループAで結ぶ。たれはカットする。
十字がけ ▷ P17
ベーシックループA ▷ P18

3 リボンの結び目の下にレースペーパーをはさみ込む。レースペーパーの中心に結び目がくるようにする。

Point
レースペーパーをプラスするだけでガーリーな雰囲気に変身。レースペーパーは箱の中心からずらすとバランスがよく見えるので、リボンは箱の左下で結びます。

Cool
クール

材料
* 箱
* ペーパー（サイズ→P41）
* ワイヤーリボン
　十字がけ＋ベーシックループA分
* 造花　2種

1 キャラメル包みの箱にリボンを十字がけし、ベーシックループAで結ぶ。
キャラメル包み ▷ P21
十字がけ ▷ P17
ベーシックループA ▷ P18

2 リボンの結び目に、ワイヤーつきの造花を下からはさみ込む。

3 ワイヤーをねじってリボンに固定する。残ったワイヤーはカットし、リボンと造花の形を整える。

Point
華やかなリボンもダークな色と合わせるとクールで大人かわいい印象に。大きめの造花をあしらった大胆なアレンジで大人っぽさが強調されます。

LESSON 2
アレンジでもっとキュートに

Chic
シック

材料
* 箱
* ペーパー(サイズ→P41)
* サテンリボン
  ななめがけ＋ベーシックループA分
* アンティーク調のオーナメント

1 箱をキャラメル包みで包む。リボンをななめがけにする。
キャラメル包み ▷P21
ななめがけ ▷P17

2 リボンをベーシックループAで結び、オーナメントの裏側に両面テープを貼る。
ベーシックループA ▷P18

3 リボンの結び目にオーナメントを貼りつける。

Point
クラシックなパターン柄なら、ゴールドでも派手になりすぎず、落ち着いた感じにまとまります。アンティーク調のオーナメントでシックな雰囲気もアップします。

Pop
ポップ

材料
* 箱
* ペーパー(サイズ→P41)
* サテンリボン
  十字がけ＋トリプルループ分
* 造花

1 箱をキャラメル包みで包む。リボンを右上で十字がけにする。
キャラメル包み ▷P21
十字がけ ▷P17

2 リボンをトリプルループで結ぶ。
トリプルループ ▷P37

3 リボンの結び目にワイヤーつきの造花をつける。リボンの左側のたれを長くカットし、箱にかけたリボンにはさむ。

Point
ビビッドな色使いがポップな印象を出してくれます。リボンのたれのあしらいに変化をつけ、軽やかさを演出しましょう。造花はワイヤーつきのものだと固定も簡単です。

Eine Pause
auf dem
Baum

ななめ包みのアレンジ

リバーシブルペーパーや、2種類のペーパーを貼り合わせたもので包むと、
部分的に違う柄が現れ、ななめ包みの魅力が発揮されます。
ペーパーの組み合せなどを考えるのも楽しいですね。

ななめ包み ▷ P25

材料
* 箱
* ペーパー
  対角線の長さが〈箱の短いほうを1周半＋4cm〉の長方形
* 麻ひも
  十字がけ＋ベーシックループA分
* ポストカード
* 飾り用のワックスペーパー

1 箱の底面を上にして、箱の右手前の角が少しはみ出すようにペーパーの上に置き、ななめ包みで箱を包む。

2 麻ひもを十字がけにする。結び目は箱の中心にくるようにする。
十字がけ ▷ P17

3 十字がけにした麻ひもをベーシックループAで結ぶ。
ベーシックループA ▷ P18

4 麻ひもの左右のたれをそれぞれ玉結びにする。余分な部分はカットする。

5 飾り用のワックスペーパーをななめにして麻ひもの下にはさみ込む。

6 ワックスペーパーと麻ひもの間に、ポストカードをはさみ込む。ワックスペーパーの向きと反対側にするとバランスがよくなる。

Point
麻ひもは2〜3本まとめて使ってもOK

麻ひもは素朴な雰囲気のナチュラルカラーのペーパーに合います。飾り用のペーパーやポストカードがないときは、色違いの麻ひもを数本まとめて使うと存在感が出せます。

ななめ包みのアレンジ
バリエーション

Girly
ガーリー

材料
* 箱
* リバーシブルのペーパー（全体のサイズ→P45）
  ※ ペーパーをカットして、長い辺の1/4が表面の柄になるように貼り合わせる
* ワイヤーリボン
  十字がけ＋ベーシックループA＋センターループ分

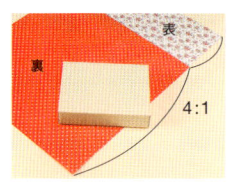

1 写真の位置に箱を置き、ななめ包みで包む。面積の大きい柄が仕上がり時には小さく現れる。
ななめ包み ▷ P25

2 リボンを十字がけにする。結び目はペーパーの柄の境目にくるように調整する。
十字がけ ▷ P17

3 左下のリボンでベーシックループとセンターループの輪を1つ作る。
ベーシックループA ▷ P18
センタールーブ ▷ P38

4 右上のリボンを小さい輪に通して結ぶ。

Cool
クール

材料
* 箱
* ペーパー　2種（全体のサイズ→P45）
  ※ 2種のペーパーをカットして長い辺の1/4が黒のペーパーになるように貼り合わせる
* ワイヤーリボン
  十字がけ＋ベーシックループA分

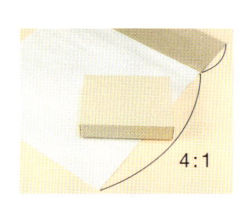

1 箱の底面を上にして、写真の位置に置く。

2 ななめ包みで箱を包む。
ななめ包み ▷ P25

3 箱の右上で十字がけにし、ベーシックループAで結ぶ。
十字がけ ▷ P17
ベーシックループA ▷ P18

Point
欧文柄とダークカラーのペーパーなら、男性へのギフトにもおすすめ。リボンもダークな色を選んで全体の色数を押さえるとクールさが増します。

LESSON 2
アレンジでもっとキュートに

Chic
シック

材料
* 箱
* ペーパー（サイズ→P45）
* コットンレースリボン
  ななめがけ＋ベーシックループA分
* パールのオーナメント

1 ななめ包みで包んだ箱に、リボンをななめがけにする。
ななめ包み ▷P25
ななめがけ ▷P17

2 リボンをベーシックループAで結ぶ。
ベーシックループA ▷P18

3 リボンの結び目にオーナメントのワイヤーを下からはさみ、巻きつけて固定する。余分なワイヤーはカットする。

Point
植物パターンが起毛プリントされたアースカラーのペーパーは、大人っぽくシック。レースのリボンとパールを使ってクラシカルで上品な雰囲気をプラスします。

Pop
ポップ

材料
* 箱
* ペーパー（サイズ→P45）
* ひも
  一字がけ2周＋シングルループ分

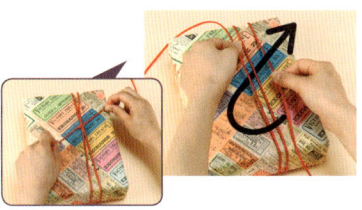

1 ななめ包みの箱にひもを縦に2周に巻く。右のひもを左側2本の上から下にくぐらせ右上に出す。
ななめ包み ▷P25

2 左下のひもで輪を1つ作る。右上のひもを上から巻き、根元をくぐらせ、最後まで引き抜く。輪が1つのシングルループができる。

3 長めにカットしたたれの先をそれぞれ玉結びにし、箱にかけたひもにはさみ込む。

Point
ペーパーの柄が賑やかな分、シンプルなひもをリボンがわりにし、バランスを取っています。細いひもも2重にかけることで存在感が出ます。

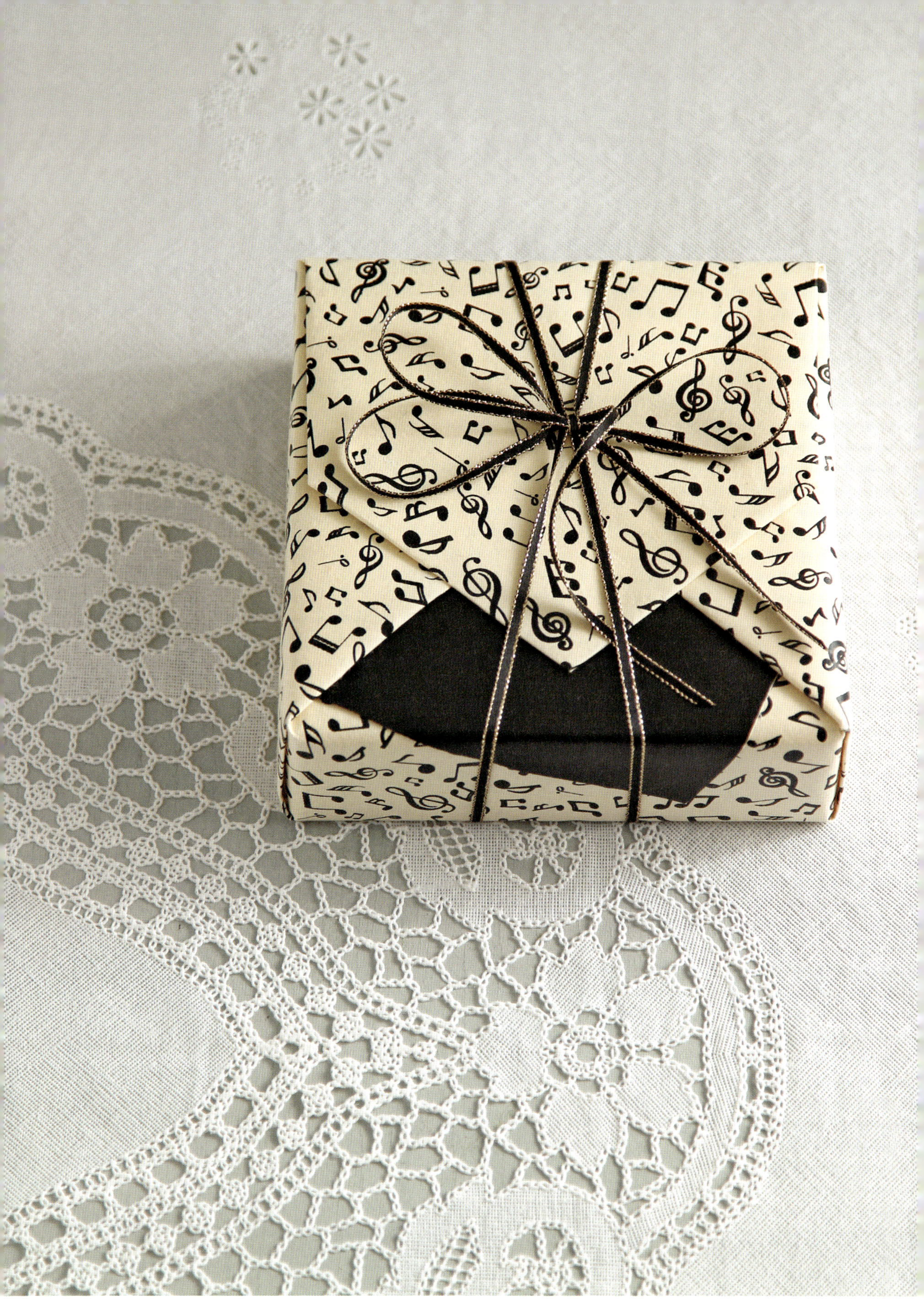

スクエア包みのアレンジ

LESSON 2
アレンジでもっとキュートに

スクエア包みは、最後に貼り合わせた面を表にも裏にもすることができます。
貼り合わせ面を表にして仕上げる場合には、
リバーシブルペーパーや2種類のペーパーを貼り合わせたものを使うと個性が出せます。
スクエア包み ▷P27

材料
* 箱
* 音符柄のペーパー(大)
  箱を中心にのせて4つの角をかぶせたとき、
  それぞれの縁が2cm以上重なる正方形
* 黒のペーパー(小)
  正方形の一辺がペーパー(大)の1/3
* 金縁サテンリボン
  V字がけ＋トリプルループ分

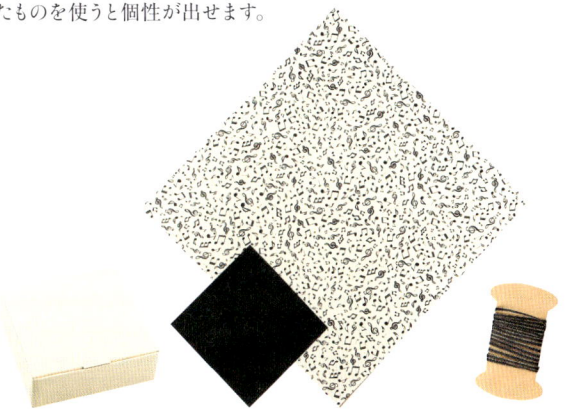

1 ペーパー(大)の裏面にペーパー(小)を写真のように貼り合わせる。黒のペーパー部分が手前にくる向きで、箱の表面を上にしてペーパーの中央に置く。

2 ペーパーの手前から箱を包む。箱の縁からペーパーの黒い面が2cm程度はみ出るように手前に折り返す。

3 そのあとはスクエア包みで包む。包み終わっても黒い面が見えるようになる。

4 ペーパーの貼り合わせ面を上にする。写真のようにリボンを縦に2周巻く。

5 リボンをV字がけにする。
V字がけ ▷P39

6 リボンをしっかり引き、トリプルループで結ぶ。
トリプルループ ▷P37

7 長めにカットしたリボンのたれを、箱にかけたリボンにはさみ込む。

Point
紙の重なりを見せるならリボンは細めを選んで
最後に貼り合わせた部分を表にして仕上げるときは、ペーパーの重なった部分がラッピングのポイント。細いリボンを使用して、重なりが隠れないようにしましょう。

スクエア包みのアレンジ
バリエーション

Girly ガーリー

材料
* 箱
* ペーパー（サイズ→P27）
* サテンリボン
  十字がけ＋ベーシックループA分
* レースペーパー
* クリップ式のオーナメント

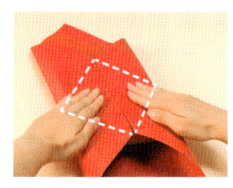

1 ペーパーの中心に、表面を上にして箱を置き、左右の角を内側に折って中心で貼り合わせる。

2 手前のペーパーの両脇を内側に折ってから、箱にかぶせる。奥のペーパーも同じようにかぶせ、貼り合わせる。

3 レースペーパーを箱の中心に置く。

4 上からリボンを十字がけのベーシックループAで結び、オーナメントをつける。
十字がけ ▷P17
ベーシックループA ▷P18

Cool クール

材料
* 箱
* ペーパー（サイズ→P27）
* エナメルリボン
  一字がけ＋ベーシックループA分
* シーリングワックスのシール

1 箱の底面を上にしてスクエア包みで包み、ペーパーの貼り合わせ面を裏にする。
スクエア包み ▷P27

2 リボンは一字がけにする。
一字がけ ▷P33【紙袋】
　　　　　プロセス2

3 リボンをベーシックループAで結び、リボンの上にシールをまっすぐに貼る。
ベーシックループA ▷P18

Point
欧文がプリントされたペーパーに、細いリボンでさりげないクールさを演出します。シールを1枚プラスするだけシンプルな中にもギフトの華やかさが出てきます。

LESSON 2
アレンジでもっとキュートに

Chic
シック

材料
* 箱
* バラのペーパー（大）（サイズ→P27）
  茶のペーパー（小）
  ペーパー（大）の1/3＋のりしろ1.5cm
  ※ペーパー（大）を2/3の大きさにカットし、
    カットした部分にペーパー（小）を貼り合わせる
* リボンシール

1 箱の底面を上にして、写真のように貼り合わせたペーパーの中心に置く。

2 箱をスクエア包みで包み、ペーパーの貼り合わせ面を裏にする。
スクエア包み ▷ P27

3 茶色のペーパーが見える部分を左上にして、箱の右上にリボンシールを貼る。

Point
大胆な柄のペーパーは、あしらいを控えめにするとバランスが取れます。リボンシールは落ち着いたペーパーの色と同系色を選ぶとシックに仕上がります。

Pop
ポップ

材料
* 箱
* ペーパー（サイズ→P27）
* ワイヤーリボン
  十字掛け＋トリプルループ分

1 箱の底面を上にして、スクエア包みで包んだ箱は、貼り合わせ面を裏にして、リボンを十字がけにする。
十字がけ ▷ P17

2 リボンをトリプルループで結ぶ。
トリプルループ ▷ P37

3 リボンの形を整えたあと、たれをカットして完成。

Point
カラフルなモチーフがいっぱいのペーパーに、ビビッドカラーの太めのリボンで、楽しくポップな仕上がりに。トリプルループでリボンの存在をアピールします。

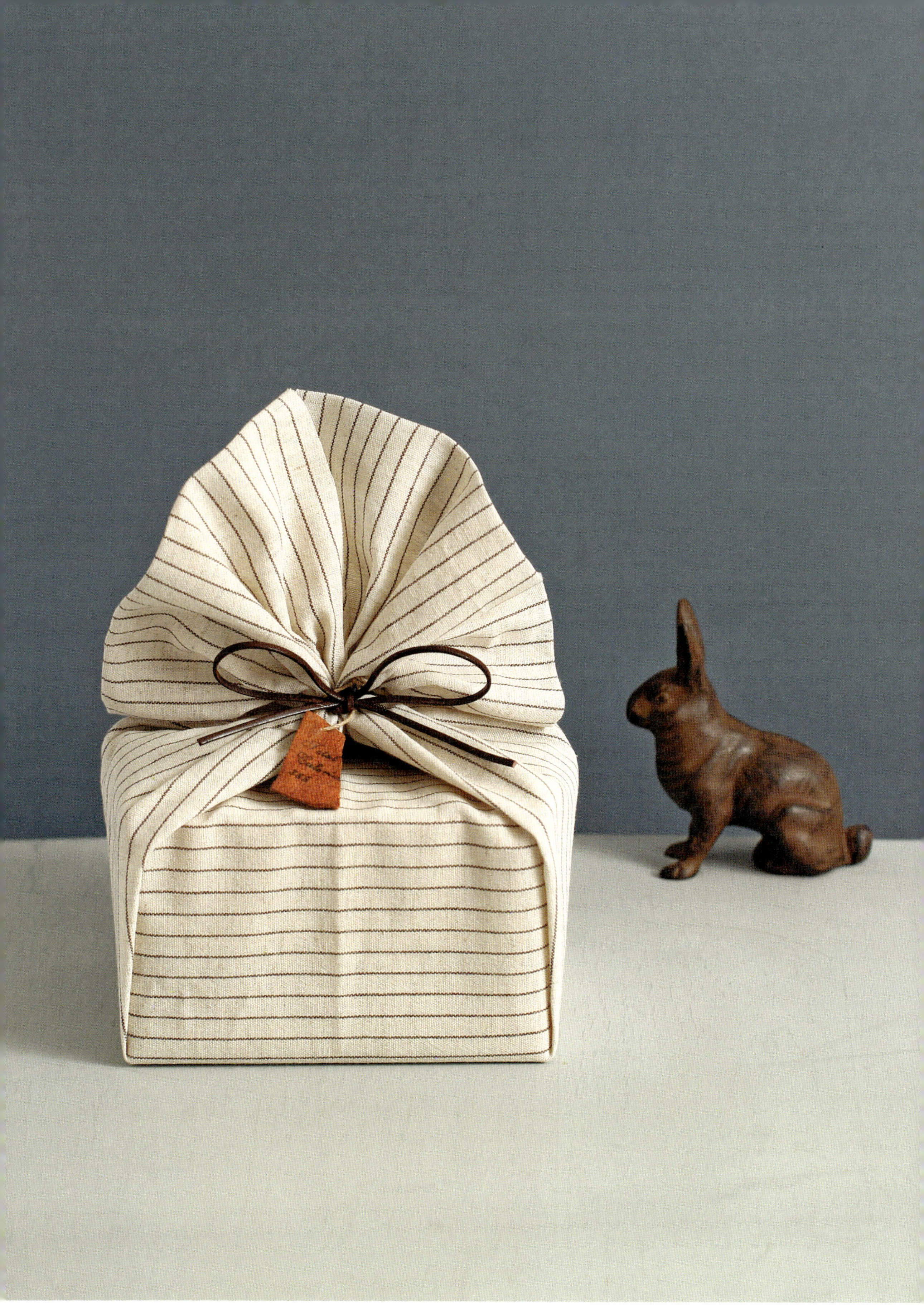

LESSON 2
アレンジでもっとキュートに

しぼり包みのアレンジ

しぼり包みは、ペーパーだけでなく布を使って包むアレンジも可能です。
ギャザーの寄せ方を包むものによって変えてもいいでしょう。
しぼりの位置を中心からずらすのも、おしゃれに見えます。

しぼり包み ▷P29

材料

※ 箱
※ 布
　縦：箱の縦1周＋のりしろ1.5cm
　横：箱の横1周＋4〜6cm＋しぼり分
※ 革ひも
　しぼり1周＋ベーシックループA分
※ 革のひもつきタグ

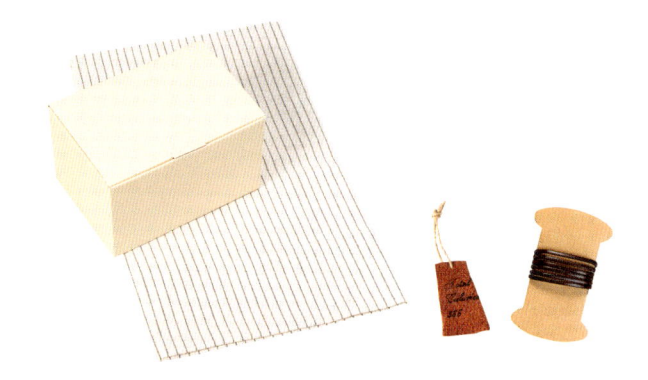

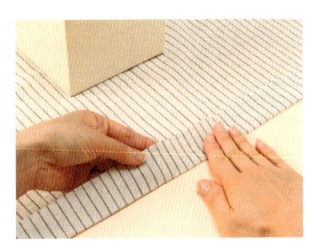

1 布のほつれがでないように、しぼりにする部分を2〜3cm折る。アイロンなどをかけておくと包みやすい。

2 箱の表面を上にして布の中央に置き、布の手前と奥を箱にかぶせる。両面テープを使い中心でとめる。

3 布の左側を、ギャザーを寄せて、つまみ上げる。

4 右側も同様につまんで、中央でまとめる。

5 革ひもをしぼり部分に巻いてしっかり結ぶ。

6 革ひもをベーシックループAで結ぶ。
ベーシックループA ▷P18

7 タグのひもの輪に、革ひもをくぐらせて結び目にひっかけて完成。

Point

しぼり部分を輪ゴムで結ぶとリボンもかけやすい
布や不織布は紙よりも形がくずれやすいので、リボンをかける前に、しぼりの部分を輪ゴムや細いワイヤーなどで結んでおくと作業しやすくなります。

しぼり包みのアレンジ
バリエーション

Girly ガーリー

材料
* 箱
* ペーパー(サイズ→P21)
* チュール
  一辺の長さが箱1周+しぼり分
* ワイヤーリボン
  しぼり1周+トリプルループ分

1 チュールをひし形の向きに置く。キャラメル包みで包んだ箱をチュールの中央に置き、手前と奥の角をつまむ。

2 チュールの左右は、三角形になるように軽く畳んで立たせ、中央でまとめる。

3 リボンをトリプルループで結んだあと、たれをカットする。
トリプルループ ▷P37

Point
小花柄のペーパーで包んだ箱を、さらにチュールでしぼると女の子らしさ100%。リボンの色は花の色と合わせると上品に仕上がります。

Cool クール

材料
* 箱(円柱)
* 不織布(サイズ→P53)
* メタルオーガンジーリボン
  しぼり1周+トリプルループ分

1 箱を不織布の中心に置き、前後の辺をかぶせて中心で貼り合わせる。

2 不織布の左側を起こし、箱のカーブに沿ってひだを重ねるようにたるみをまとめる。右側も同様にまとめる。

3 不織布の左右をまとめたら、根元をしぼる。リボンをトリプルループで結ぶ。
トリプルループ ▷P37

Point
円柱型の箱を包むときは、箱に沿ってひだを作るように不織布を寄せていくとまとまります。ラメ入りの不織布にシャンパンゴールドのリボンで大人っぽく。

LESSON 2
アレンジでもっとキュートに

Chic シック

材料
* 箱(円柱)
* 不織布　2種
　一辺の長さが箱1周+しぼり分
* ワイヤーリボン(太)
　しぼり1周+ベーシックループA分
* ステッチリボン(細)
　トリプルループ分
* アンティーク風カギのオーナメント

1 2種の不織布を重ね、ひし形の向きに置く。箱を中心に置き、手前と奥の角を中心でつまむ。

2 不織布の右側を起こし、箱のカーブに沿ってひだを重ねるようにたるみをまとめる。左側も同様にし、中央でまとめる。

3 リボン(太)を、ベーシックループAで結ぶ。結び目にリボン(細)と、オーナメントを通す。
ベーシックループA ▷P18

4 リボン(細)はオーナメントを通したまま、トリプルループでしっかりと結ぶ。
トリプルループ ▷P37

Pop ポップ

材料
* 箱
* 布(サイズ→P53)
* ワイヤーリボン
　しぼり1周+ベーシックループA分

1 53ページと同様。布の手前と奥を中心でとめ、布の左側をギャザーを寄せてつまみ上げる。

2 右側も同様にギャザーを寄せて、箱の中央でしぼりを作る。

3 リボンをベーシックループAで結び、上部をきれいに整える。
ベーシックループA ▷P18

Point
カラフルなドット柄に明るい色のリボンが元気な印象にしてくれます。リボンは太めのものを選ぶと、シンプルな結び方でも華やかに見えます。

Réve
petit bonheur
La vie est belle !
14,JUILLET,1789
Grand espoir

コンケイブ包みのアレンジ

コンケイブボックスは、スクエア包みなどで包んでもかまいません。
リボンの素材や巻き方などで個性を出すことができます。

コンケイブ包み ▷ P31

LESSON 2
アレンジでもっとキュートに

材料
* 箱（コンケイブボックス）
* ペーパー
  縦：箱のくびれた部分の長さ＋｛箱の高さ×2/3×2｝
  横：箱の横1周＋のりしろ1.5cm
* 麻ひも
  一字がけ3周＋ベーシックループA分
* ひもつきタグ

1 箱の底面を上にしてペーパーの中央に置き、ペーパーの左右をかぶせ中心でとめる。

2 ペーパーの上部分を箱の側面に沿うように折る。ペーパーの下部分は両端を少し内側に折る。

3 ペーパーの下部分を、箱の側面の、半分の高さになるよう内側に折ってから、両面テープで貼り合わせる。

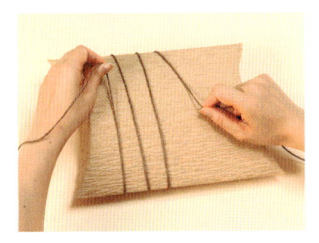

4 ペーパーの貼り合わせ面を裏にし、麻ひもを箱に3周巻く。麻ひもが重ならないように、ずらして巻く。

5 左端の麻ひもを写真のように移動させる。

6 麻ひもはベーシックループAで結ぶ。
ベーシックループA ▷ P18

7 タグのひもの輪に、ベーシックループAで結んだ部分をくぐらせ、結び目にひっかけて完成。

Point
コンケイブのリボンは中心からずらして結ぶ

コンケイブボックスは箱の中心部がふくらんでいる形状です。リボンやひもは、箱の中心で結ぶよりも左右や上下にずらすほうが結びやすく、見た目のバランスもよくなります。

コンケイブ包みのアレンジ
バリエーション

Girly
ガーリー

材料
* 箱
* ペーパー（サイズ→P57）
* チェックリボン
  ななめがけ＋一字がけ＋トリプルループ分

1 コンケイブ包みで包んだ箱に、リボンをななめがけにする。
コンケイブ包み ▷ P31
ななめがけ ▷ P17

2 ななめがけした位置から、縦に一字がけにする。リボンを1回交差させる。
一字がけ ▷ P33【紙袋】
プロセス2

3 右上のリボンを写真の位置に通し、しっかりと引き上げて、リボンを掛ける。

4 リボンをトリプルループで結び、たれをカットする。
トリプルループ ▷ P37

Cool
クール

材料
* 箱
* 麻布（サイズ→P27）
* ひも
  十字がけ＋ベーシックループA分

1 箱は表面を上にしてスクエア包みで包む。
スクエア包み ▷ P27

2 最後に箱にかぶせる部分は、布の端がそのまま見えるようにする。

3 ひもを十字がけにする。このとき、十字を箱に対して少しななめにする。ベーシックループAで結ぶ。
十字がけ ▷ P17
ベーシックループA ▷ P18

Point
シンプルなラッピングですが、男性などにさりげなく贈りたいときにおすすめです。ひもをななめにかけるだけで、おしゃれでクールな雰囲気が出てきます。

LESSON 2

アレンジでもっとキュートに

Chic
シック

材料
* 箱
* ペーパー(サイズ→P27)
* グラデーションサテンリボン
  ななめがけ＋ベーシックループA＋センターループ分
* 造花

1 箱は底面を上にしてスクエア包みで包む。
スクエア包み ▷ P27

2 ななめがけにしたリボンの結び目に造花の茎を差し込み、固定する。
ななめがけ ▷ P17

3 リボンをベーシックループAとセンターループで結ぶ。造花の向きを整え、たれをカットする。
ベーシックループA ▷ P18
センターループ ▷ P38

Point
モスグリーンのペーパーにぶどうのオーナメントをつけ、華やかにします。茎のある造花のオーナメントは、リボンを結ぶときに一緒にはさみ込むと、しっかり固定されます。

Pop
ポップ

材料
* 箱
* ペーパー(サイズ→P57)
* ひも　2種
  ななめがけ＋ベーシックループA分
* メッセージカード(穴をあけておく)

1 箱はコンケイブ包みで包み、ひもを2本一緒に、ななめがけにする。
コンケイブ包み ▷ P31
ななめがけ ▷ P17

2 カードの穴に、ひもを通す。結び目部分は穴の外に出るようにする。

3 ベーシックループAで結び、ひもの方向をそろえて、たれをカットする。
ベーシックループA ▷ P18

Point
ひもは色選びに注意しましょう。ダークな色は弔事風に見えてしまうので、明るい色を数本使うとポップに仕上がります。カードがアクセントになります。

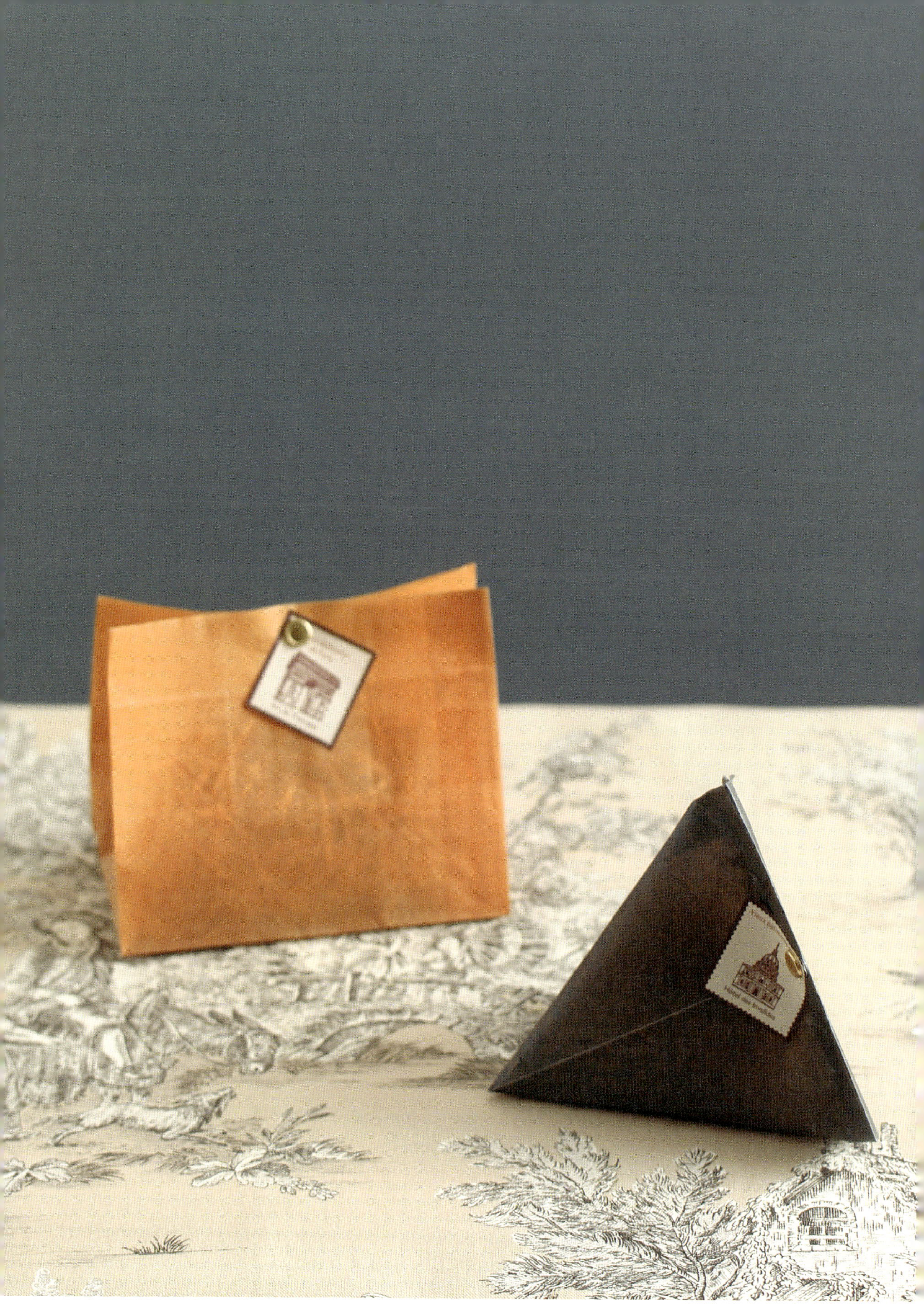

LESSON 2
アレンジでもっとキュートに

紙袋のアレンジ

平袋は立体的なテトラ型に、角底袋は閉じ方を工夫して、
シンプルな紙袋をすてきなラッピングに変身させましょう。
マスキングテープやシールなどもじょうずに活用してください。

【 平袋 】

材料
* 平袋
* 切手風シール
* 割りピン

1 平袋を、テトラ型になるよう写真のように広げる。

2 テトラ型になった平袋の口を折る。

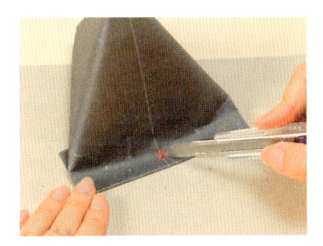

3 折った部分に、カッターで小さく×印の切り込みを入れる。切手風シールにも切り込みを入れておく。

4 割りピンを切手風シールと紙袋に刺し、ピンの裏側を割ってとめる。

【 角底袋 】

材料
* 角底袋
* 切手風シール
* 割りピン

1 切手風シールにカッターで、小さく×印の切り込みを入れる。

2 角底袋の口をとじ、上部にカッターで小さく×印の切り込みを入れる。

3 割りピンを切手風シールと紙袋に刺し、ピンの裏側を割ってとめる。

Point
紙袋が大きい場合は、上部を適宜カットする
割りピンはとめるのも簡単で、ちょっとしたものを入れるのに便利なアイテム。紙袋が大きすぎるときは、ちょうどいい高さにカットしてもOKです。

紙袋のアレンジ
バリエーション

Girly ガーリー

材料
* 平袋
* レースペーパー
* レースひも
  一字がけ＋ベーシックループA分
* 切手風シール

1 平袋の口を折り、半分に折ったレースペーパーをかぶせる。

2 平袋にレースペーパーを重ねたままパンチで穴をあける。切手風シールも穴をあけておく。

3 穴にレースひもを通し、一字がけにして、切手風シールを通す。
一字がけ ▷ P33【紙袋】プロセス2

4 レースひもをベーシックループAで結ぶ。
ベーシックループA ▷ P18

Cool クール

材料
* 平袋
* マスキングテープ　2種
* ワーブレスリボン
  ベーシックループA分

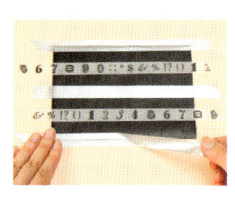

1 平袋の片面にマスキングテープを貼ってストライプ柄にする。上下部分のテープは端を裏側に折り返しておく。

2 裏返しにして、1の面と同じ位置にマスキングテープを貼る。左右のはみ出た分は、はさみでカットする。

3 平袋をテトラ型にし、袋の口を2回折る。折り口の中心にパンチで穴をあける。

4 穴にリボンを通して、ベーシックループAで結ぶ。
ベーシックループA ▷ P18

LESSON 2
アレンジでもっとキュートに

Chic
シック

材料
* 角底袋
* メタリックレースリボン
  ベーシックループA分
* アンティーク風のオーナメント

1 角底袋の口を折り、パンチで穴をあけ、リボンを通す。

2 オーナメントのひもを通してからリボンを結ぶ。

3 リボンをベーシックループAで結び、たれをカットする。
ベーシックループA ▷ P18

Point
簡単なラッピングも、濃紺の紙袋にゴールドのリボンを選ぶと大人の雰囲気に仕上がります。アンティーク風のオーナメントをつけると、よりシックな印象になります。

Pop
ポップ

材料
* 角底袋
* シール
* リボン（ペーパーブレード）
  一字がけ＋ベーシックループA分

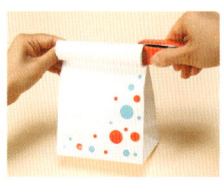

1 角底袋にシールを貼る。

2 袋の口の部分を手前に2回巻き、ホチキスを左右から差し込み2か所とめておく。

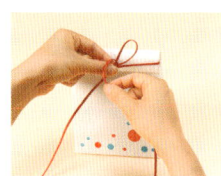

3 2で作った袋の口にリボンを通し、ベーシックループAで結ぶ。
ベーシックループA ▷ P18

Point
シンプルな紙袋は、シールを貼ったり、絵を描いたりして、デザインを自由に楽しめます。シールは全面に貼るより部分的にあしらう方が個性的です。

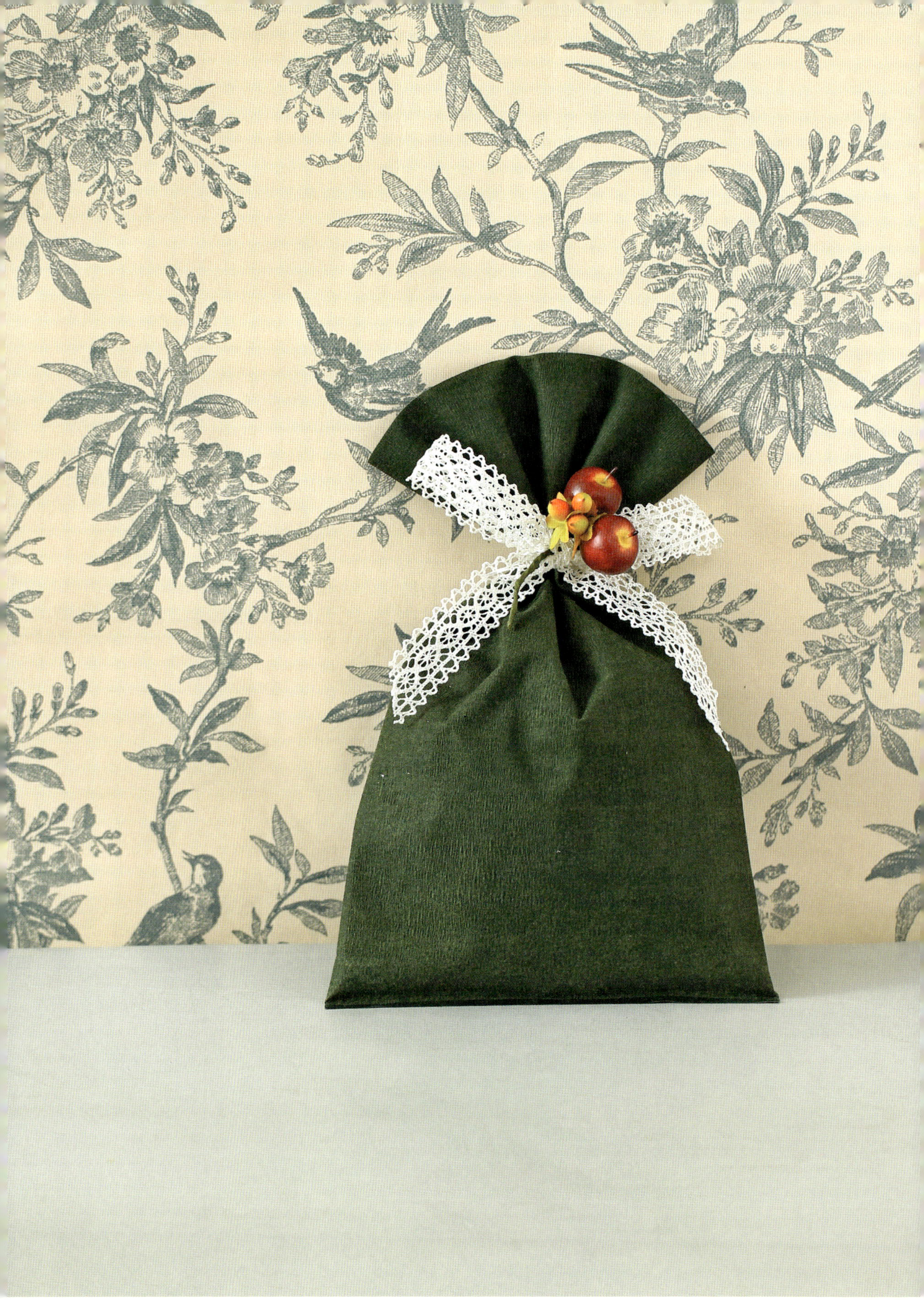

LESSON 2
アレンジでもっとキュートに

不織布袋のアレンジ

不織布袋は、口をそのまましぼるだけでなく、
折ったり、切ったりすることで、まったく違うスタイルにアレンジができます。
タグやオーナメントをプラスするのもいいでしょう。

不織布袋 ▷ P33

材料
* 不織布袋
* レースリボン
  しぼり1周＋ベーシックループA分
* リンゴのオーナメント

1 不織布袋の口を片側からギャザーを寄せる。

2 全体をしぼってまとめる。

3 リボンをしぼり部分に1周巻く。

4 リボンをベーシックループAで結ぶ。
ベーシックループA ▷ P18

5 リボンの結び目にオーナメントの茎をはさむ。

6 リボンの輪をひっぱり、結び目にオーナメントが引っかかるようにして固定させる。

Point
オーナメントで華やかなギフトに
リボンだけでは寂しいと感じるときは、ちょっとしたオーナメントをつけると華やかに。オーナメントはワイヤー、ひも、クリップなどいろいろなタイプがあります。

不織布袋のアレンジ
バリエーション

Girly
ガーリー

材料
* 不織布袋
* チロリアンリボン
  一字がけ＋ベーシックループB分
* タグ

1 不織布袋の口を2回折る。

2 リボンを一字がけにし、ベーシックループBで結ぶ。
一字がけ ▷ P33【紙袋】
　　　　　プロセス2
ベーシックループB ▷ P19

3 タグのひもの輪にリボンをくぐらせ、結び目にひっかけて完成。

Point
チロリアンタイプのリボンはガーリーな雰囲気いっぱいのアイテムです。結んだときにすべて表面が出るように、ベーシックループBで結びましょう。

Cool
クール

材料
* 不織布袋
* エナメルリボン
  しぼり1周＋フォーループ分
* 造花

1 不織布袋の口を、ななめに折る。

2 袋の左上をしぼって、リボンを巻く。このとき、造花の茎もはさみこんでおく。

3 リボンをフォーループで結ぶ。
フォーループ ▷ P39

Point
しぼりの位置を中心からずらすと、個性的でクールな仕上がりに。全体を寒色系でまとめれば、造花をあしらっても甘すぎません。

LESSON 2

アレンジでもっとキュートに

Chic
シック

材料
* 不織布袋
* ステッチリボン
  しぼり1周+ベーシックループA分
* オーナメント

1 不織布袋の口を、ギャザーを寄せてしぼる。

2 しぼった部分にリボンをかけ、ベーシックループAで結ぶ。
ベーシックループA ▷ P18

3 オーナメントのひもの輪に、リボンをくぐらせ、結び目にひっかけて完成。

Point
カジュアルな雰囲気の不織布袋も、ボルドー色を選んでシックに仕上げます。細いリボンと布レースのオーナメントが上品な印象です。

Pop
ポップ

材料
* 不織布袋
* ワイヤーチェックリボン
  しぼり1周+ベーシックループA分

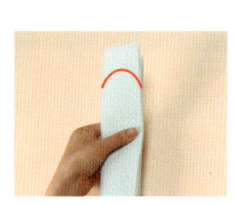

1 不織布袋を縦に四つ折りし、口の部分を写真の線の位置でカットして開く。

2 不織布袋の口をしぼり、リボンで結ぶ。

3 リボンを、不織布袋のカットした部分から口の中心にもってくる。ベーシックループAで結ぶ。
ベーシックループA ▷ P18

Point
不織布袋の口をカットして花のように仕上げました。口の中心でリボンを結んだあと、全体のバランスを整えましょう。ギンガムチェックの太いリボンでポップさを出します。

column 2　リボンにプラスしたい、おすすめグッズ

リボンだけでは少しさびしいと感じるときは、アクセントになる小物をプラスしてみましょう。ひもつき、ワイヤーつき、シールタイプなど手軽に使えるものが市販されています。

【オーナメント】

ひもつきのものはリボンを結んだあと、結び目にかけます。シールタイプはリボンのないギフトにおすすめです。クリップタイプは袋の口をとめたり、リボンの結び目にはさみましょう。

【造花】

ワイヤーがついているものがほとんどなので、リボンを結んだあと結び目にくくりつけたり、リボンを結ぶときにワイヤー部分をはさんで固定する方法があります。茎が長いときはカットして使います。

【タグ】

メッセージを書き込んだり、植物の育て方やコーヒー豆の種類など、ギフトについての説明を添えるときにも便利。リボンをタグの穴に通してそのまま結ぶ方法と、穴にひもを通してリボンの結び目にかける方法があります。

タグを個性的にアレンジ

無地のタグやカードをかわいらしくアレンジしてみましょう。

before → **after**

シールやマスキングテープを貼ったり、スタンプを押します。穴のないリーフ型カードはパンチで穴をあけ、2枚一緒に麻ひもを通しました。

こんなアイディアも!

小さなレースにひもを通し、リボンを結んだり(左)、レースペーパーをカットし、パンチで穴をあけた台紙つきのシールと一緒にひもを通しました(右)。レースなどを使うと上品な印象のラッピングができます。

LESSON 3

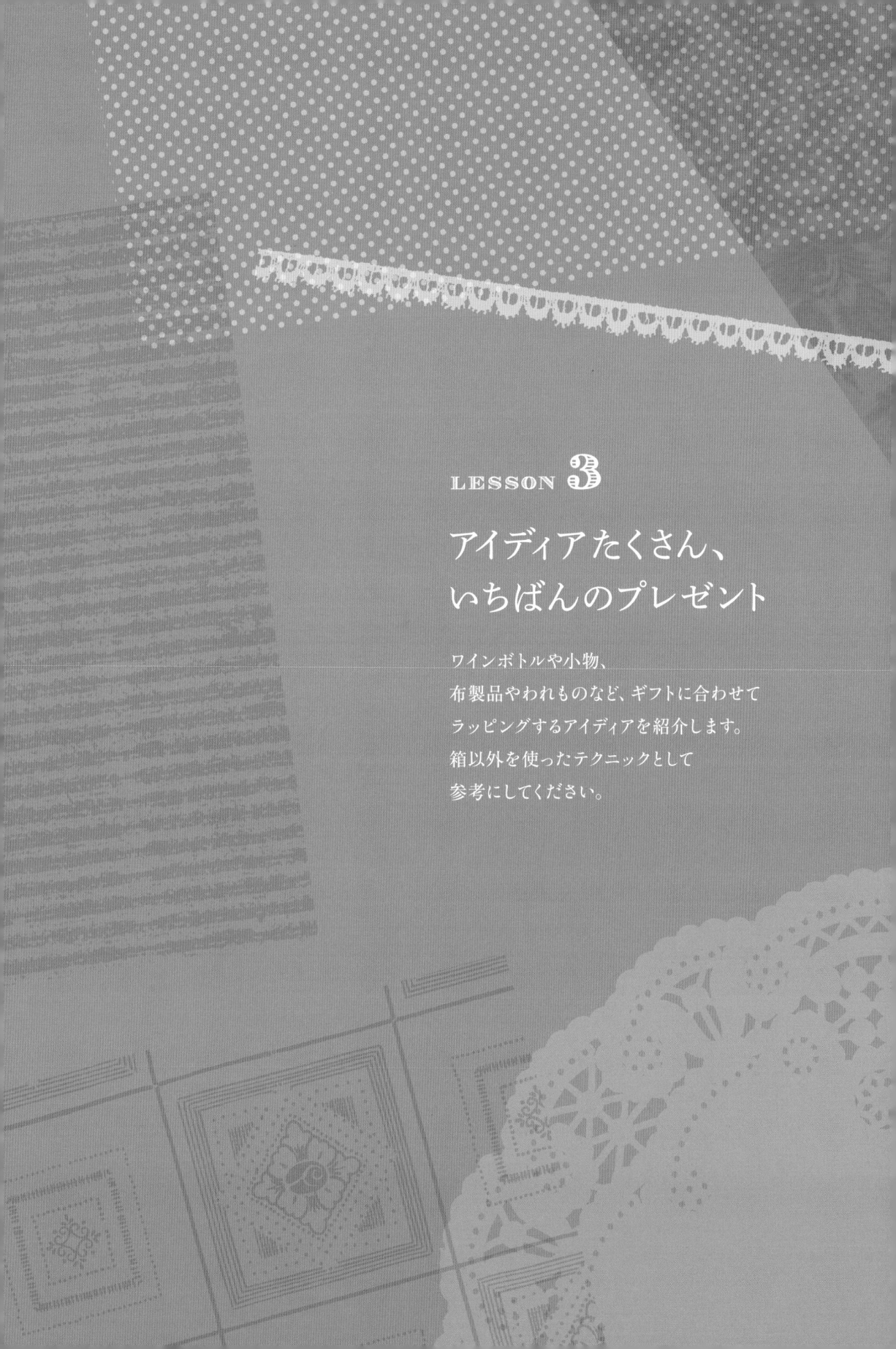

アイディアたくさん、
いちばんのプレゼント

ワインボトルや小物、
布製品やわれものなど、ギフトに合わせて
ラッピングするアイディアを紹介します。
箱以外を使ったテクニックとして
参考にしてください。

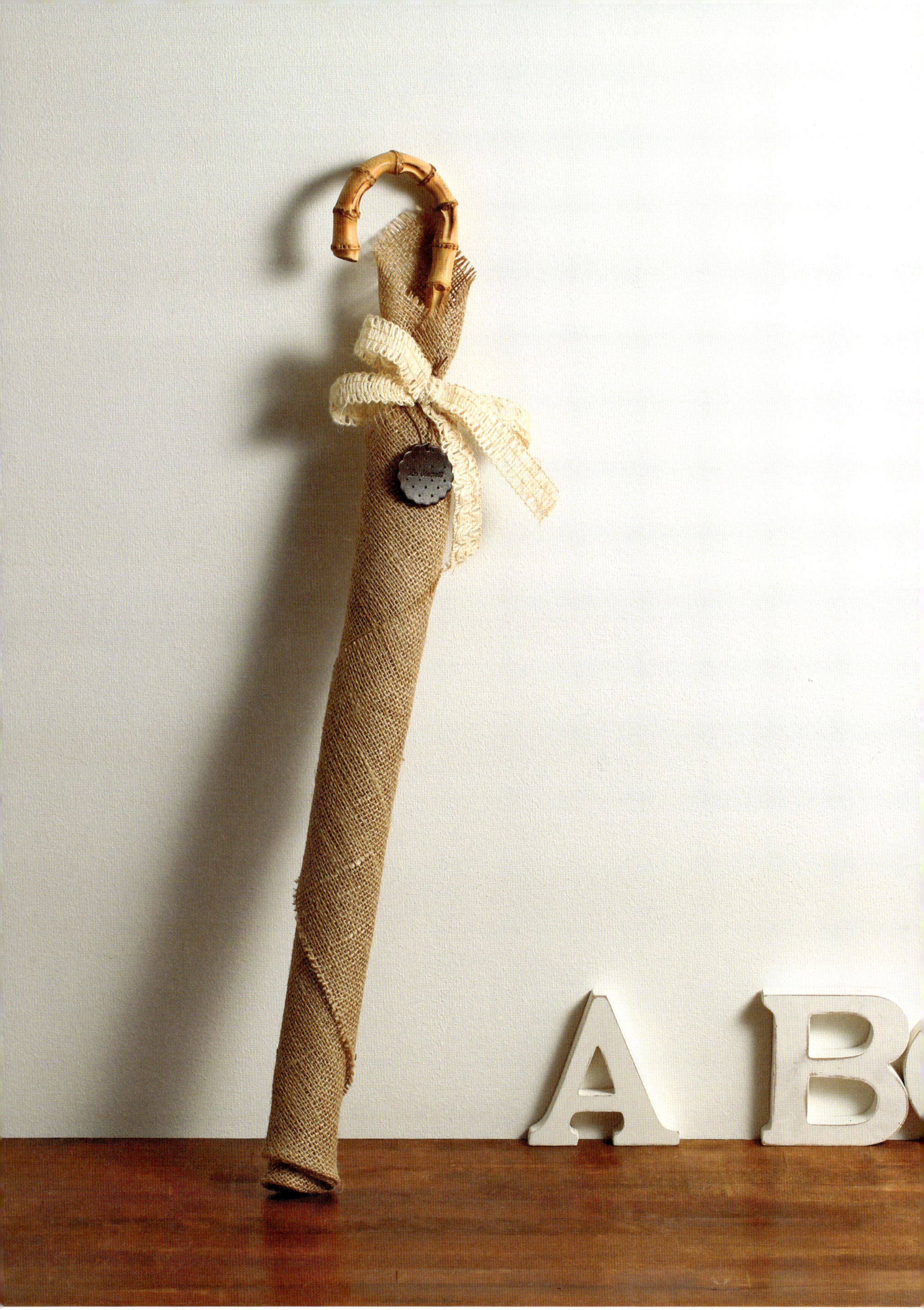

LESSON 3

アイディアたくさん、いちばんのプレゼント

長いものを包む

長いものを包むには布を巻きつけると簡単。かさなどは、柄の部分を出しておくと
そのまま持ち運びができて便利です。シンプルなラッピングなので
リボンやオーナメントなどで華やかさをプラスしましょう。

材料
* かさ（長い形状のもの）
* 麻布
  対角線がかさの長さ程度の正方形
* レースリボン
  かさの柄1周＋トリプルループ分
* タグ

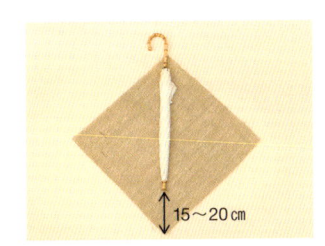

1 麻布の中央にかさを置く。柄を見せるため、麻布から出るようにして、下は15～20cm程度あけて置く。

2 麻布の下部をかさにかぶせるように折る。

3 麻布の右側は写真のように両面テープを貼る。左側はかさにかぶせるように折る。

4 かさに麻布を巻き、両面テープでとめる。

5 柄の根本部分にリボンを結ぶ。かさ本体にはかからないようにする。

6 リボンをトリプルループで結び、たれをカットする。
トリプルループ ▷ P37

7 タグのひもの輪に、リボンをくぐらせ、結び目にひっかけて完成。

Point
やわらかい素材のギフトは布や不織布が便利
かさは本体部分がやわらかいため、布のほうが扱いも簡単。長いものは大きく仕上がるので、ナチュラルカラーでおおげさにならないようにするといいでしょう。

72

ワインボトルを包む

LESSON 3
アイディアたくさん、いちばんのプレゼント

ホームパーティなどの手みやげにすることも多いワインは、ボトルの細い部分でしぼるように包むと、持ちやすくなります。ボトルの底が抜けないように注意しましょう。

材料

* ワインボトル
* ペーパー（大）
  縦：ボトルの高さ＋5cm＋底面直径の2/3
  横：ボトル1周＋のりしろ1.5cm
* ペーパー（小）
  ボトル底面よりひと回り小さく円形にカットしたもの
* ひも
  ボトルの細い部分3周＋シングルループ分
* タグ（穴をあけておく）

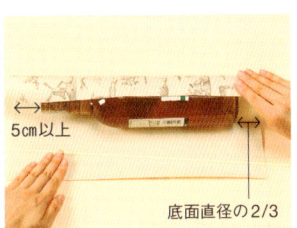

1 ペーパー（大）を横にし、写真の位置にワインボトルを置く。ペーパーを上下からかぶせて中心でとめる。

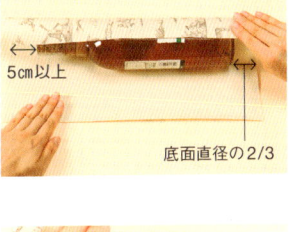

2 ボトルの底を包む。底の縁に沿って、ペーパーを中心に集めるようにして包み込む。

3 ペーパー（小）の裏面全体に両面テープをつけ、ボトルの底に貼る。

4 ボトルを立て、左右からひだを作るようにつまみ、細い部分でギュッとしぼる。上部は広がるように整える。

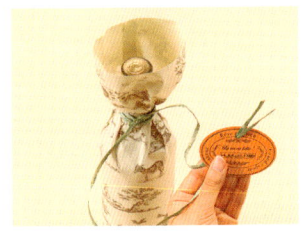

5 しぼった部分にひもを3回巻きつけ結び、タグの穴にひもを通す。

6 タグを結び目まで通して、ひもをシングルループになるように結ぶ。
シングルループ ▷ P47【ポップ】プロセス2

7 たれをカットして完成。

Point
両面テープは全体につけてしっかりとめる

両面テープを使うのは、**1**の全体を包むときと、**3**の底面を補強するとき。**1**ではかぶせるペーパーの端全体にテープを貼ります。**3**も裏面全体に貼りつけます。

74

LESSON 3

アイディアたくさん、
いちばんのプレゼント

布類を包む

ブランケットなどを丸めて、その形状に合わせて包みます。
丸めてもしわになりにくいものに応用できる方法です。
ブランケットに合わせて、温かみのある毛糸をリボン代わりにしました。

材料

* ブランケット（布類）
* 不織布
  縦：丸めたブランケットの縦の長さ＋30㎝
  横：丸めたブランケット横1周＋のりしろ1.5㎝
* 毛糸（A）
  ｛一字がけ＋ベーシックループA分｝×2
* 毛糸（B）
  一字がけ＋ベーシックループA分

1 ブランケットを細長く畳んだあと、まるめて筒状にする。

2 不織布の中心にブランケットを置き、左右をかぶせるように包む。中心を両面テープでとめる。

3 不織布の上下部分は、筒状にしたブランケットの中心に詰めるように折り込む。

4 ひだをつけながら少しずつ折り込んでいくと、きれいにまとまる。

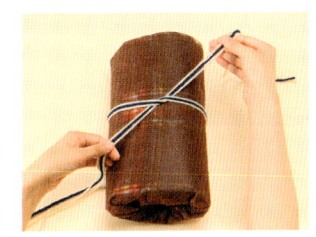

5 毛糸（A）の間に毛糸（B）をはさみ、3本まとめて一字がけにする。
一字がけ ▷ P33【紙袋】
プロセス2

6 一字がけにした毛糸をベーシックループAで結ぶ。
ベーシックループA ▷ P18

7 たれをカットして完成。

Point

毛糸は数本まとめてボリュームをアップ

不織布と毛糸を使って、ブランケットのあたたかさをラッピングで表現。毛糸は数本まとめると存在感が出ます。太めのリボンなどでもかわいらしく仕上がります。

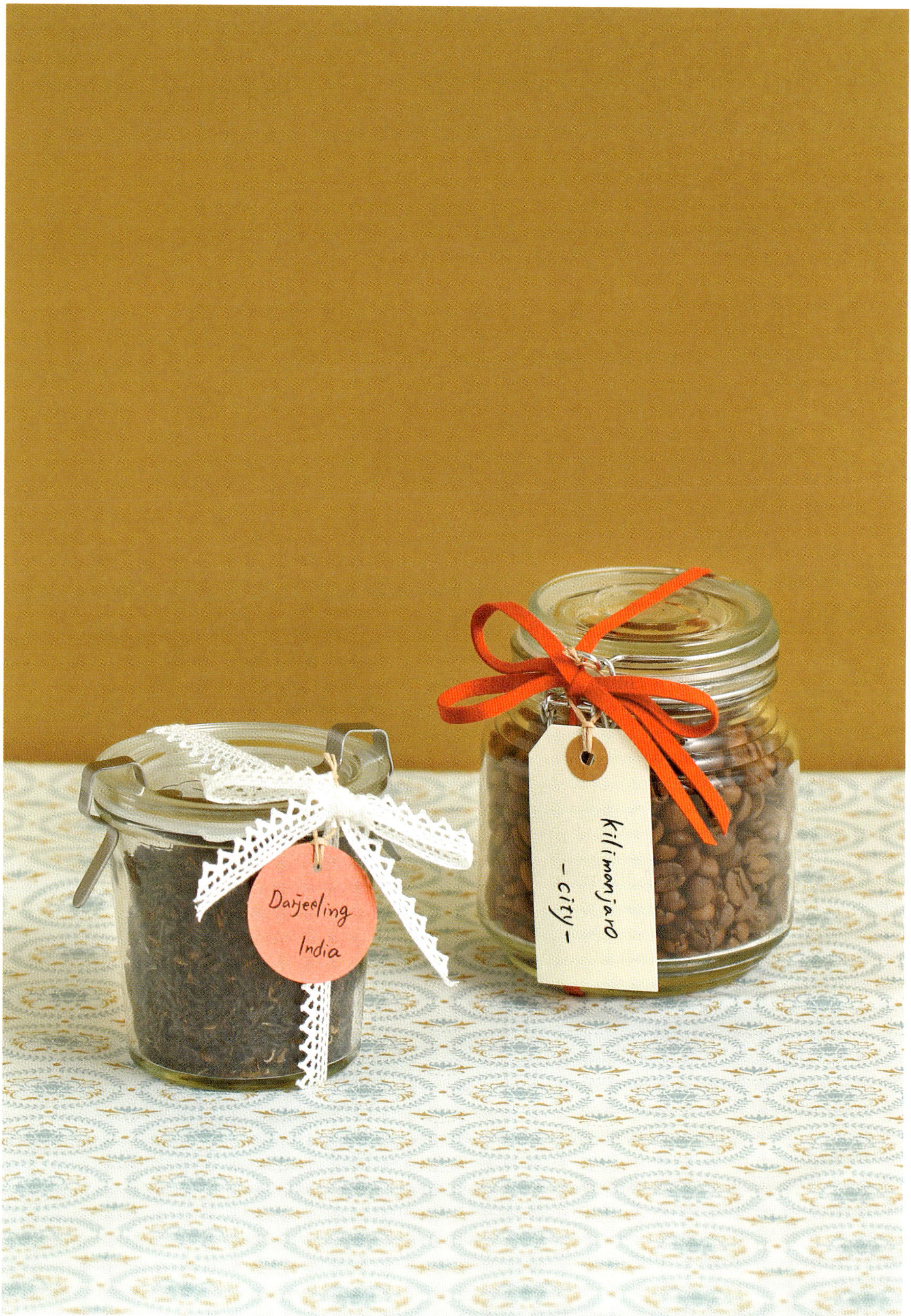
Darjeeling
India
Kilimanjaro
-city-

コーヒー、茶葉を包む

LESSON 3
アイディアたくさん、
いちばんのプレゼント

コーヒー豆や茶葉など保存可能な食品は、かわいい容器に詰め替えてみましょう。
リボンとタグだけのシンプルな仕上げのガラス瓶なら中身も見えて、飾りながら保存できます。
タグには品物の説明やメッセージなどを書き込むといいでしょう。

材料

* 品物を入れたキャニスター　2種
* リボン　2種
  キャニスターの縦1周+好みの結び方分
  （ここではトリプルループ、ベーシックループA）
* マスキングテープ
* ひもつきタグ　2種

1 キャニスターの中に贈りたい品物を入れる。

2 キャニスターの金具にリボンを通し、縦にかける。

3 リボンをトリプルループで結ぶ。
トリプルループ ▷ P37

4 リボンを金具に通せない場合は、そのままリボンを縦にかける。

5 ベーシックループAで結ぶ。
ベーシックループA ▷ P18

6 リボンがずれないように、ビンの底にマスキングテープで固定する。

7 リボンの結び目にタグをつける。タグのひもの輪に、リボンをくぐらせて結び目にひっかけて完成。

Point
リボンは、ずれない工夫をしておきましょう

リボンは華やかさの出るレースを使ったり、結び方でボリュームを出したりするとギフトらしくなります。ビンの金具に通すか、マスキングテープで固定するとずれません。

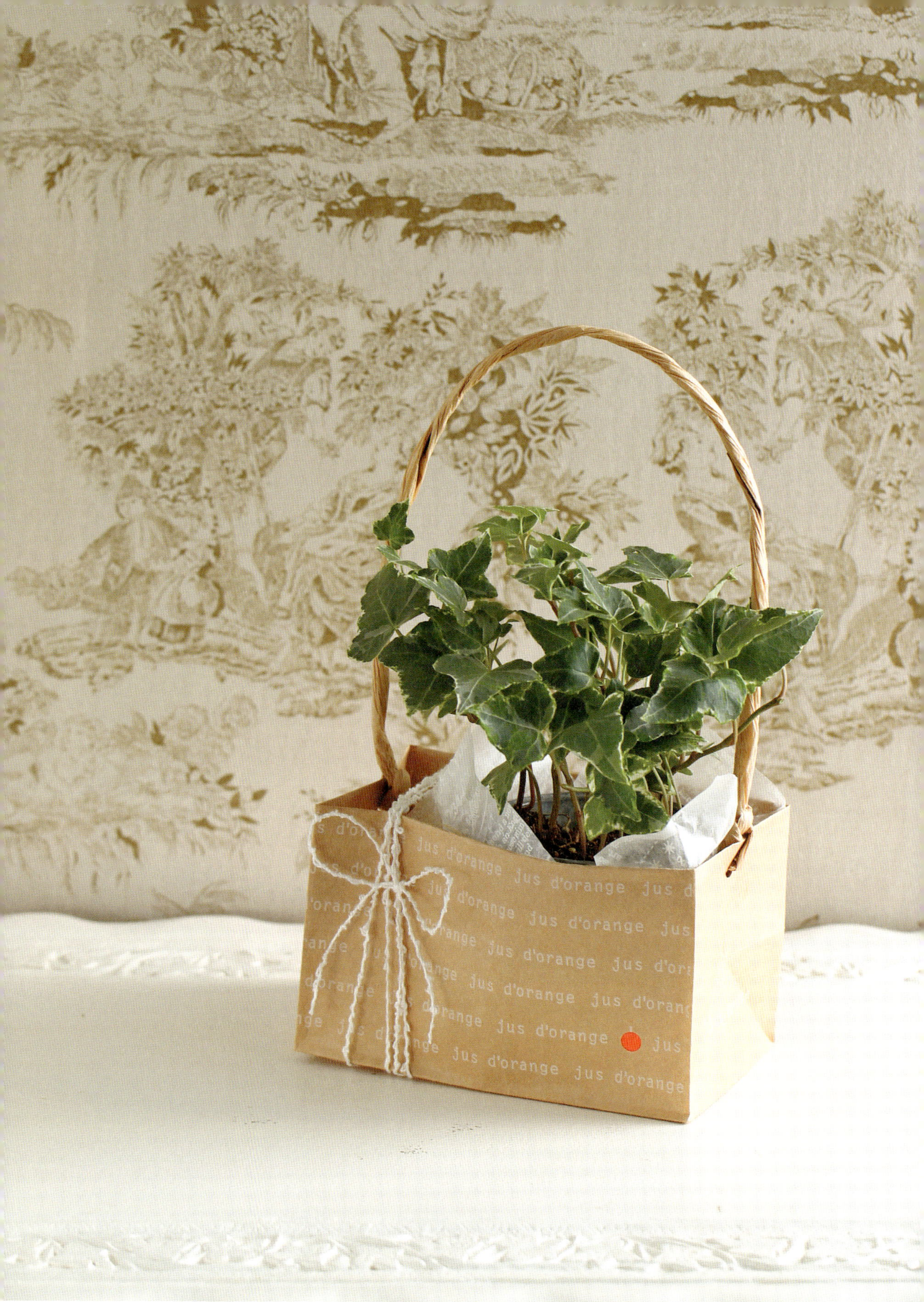
jus d'orange

鉢植えの植物を包む

LESSON 3
アイディアたくさん、
いちばんのプレゼント

ミニ鉢のグリーンは、持ち運びしやすいように取手をつけた手提げスタイルにラッピング。
鉢底から土がこぼれないように、グラシン紙で包んでから紙袋に入れましょう。
グリーンが映えるようにリボンも控えめ。そのまま飾れるプレゼントです。

材料

* 鉢植えの植物
* 角底の紙袋
* 厚紙（紙袋の底に敷くもの）
* 紙ひも（取手用）
  品物の高さ×2＋紙袋の幅＋10cm
* グラシン紙
  鉢を底から包める分
* パッキン
* リボン
  縦に4周＋ベーシックループA分

1 紙袋を植物の鉢の高さプラス5cmのところでカットする。

2 カットした紙袋の口を5cm内側に折り込む。折り込んだ状態が鉢の高さと同じくらいになる。

3 紙袋の左右にパンチで穴を開ける。

4 右の穴に紙ひもを通し、しっかりと結ぶ。植物の高さに合わせ紙ひもの取手の長さを調整する。長さを決めたら、左の穴に紙ひもを通してしっかり結ぶ。

5 紙袋の底の大きさにカットした厚紙を敷き、グラシン紙で鉢底を覆うように包んだ鉢を入れる。

6 鉢が動かないように周辺にパッキンを軽く詰める。詰めすぎると、紙袋が変形するので注意する。

7 紙袋の縦にリボンを4周巻き、ベーシックループAで結んで完成。
ベーシックループA ▷ P18

Point
グリーンが少し重い場合は紙袋を2枚重ねて

意外にじょうぶな紙袋と紙ひものバッグ。心配なときは紙袋を2枚重ねで使うとより安心です。その場合は、**2**の段階で2枚重ね、2枚一緒に内側に折り込むようにします。

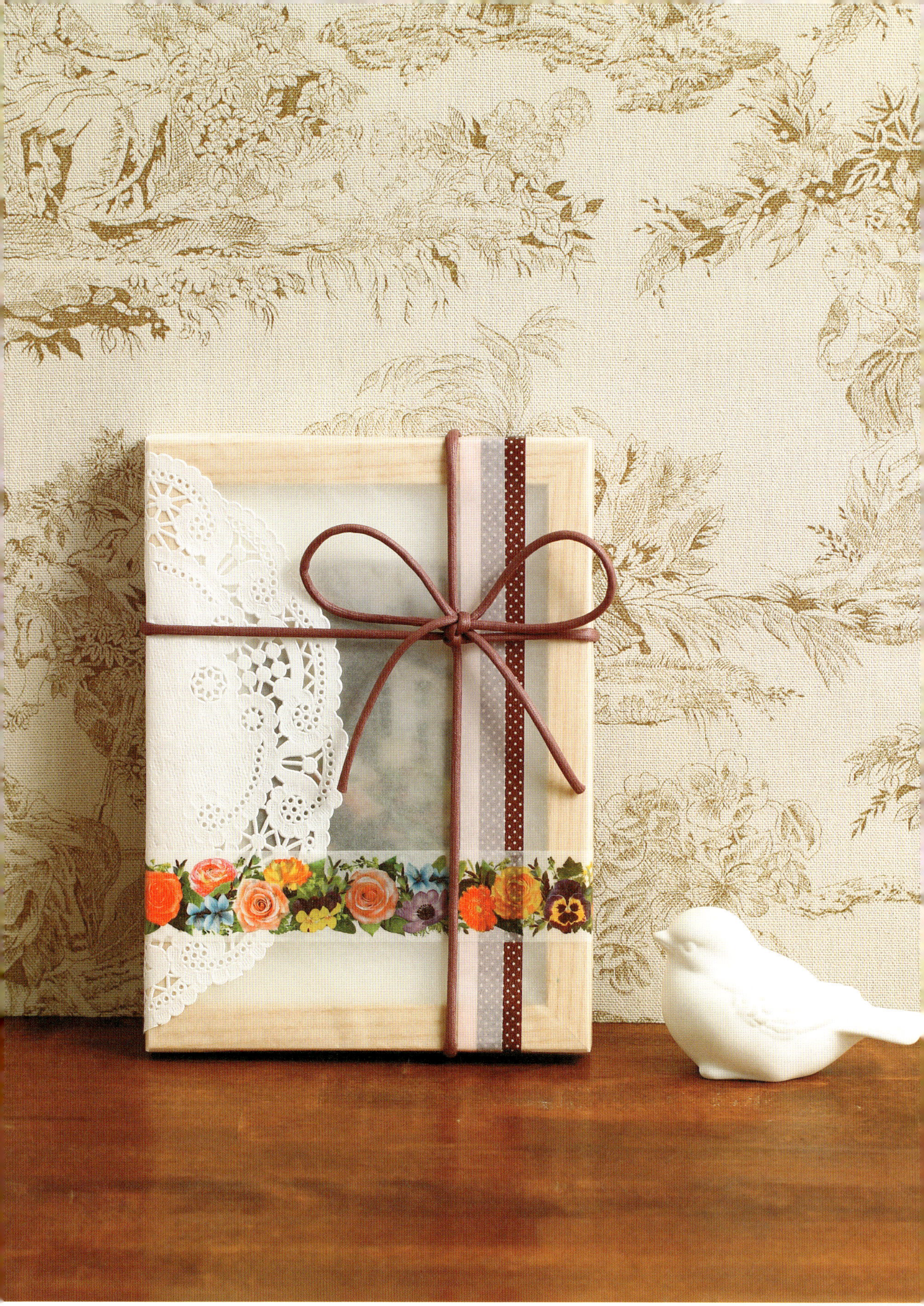

LESSON 3
アイディアたくさん、
いちばんのプレゼント

写真を包む

写真をフォトスタンドに入れて贈ってみませんか。
中に入れた写真がかすかに見えるように、グラシン紙を使って
思い出をやさしく包んだラッピングです。

材料

* フォトスタンド（写真を入れておく）
* グラシン紙
  縦：フォトスタンドの縦の長さ＋{高さの2/3×2}
  横：フォトスタンドの横1周＋のりしろ1.5cm
* レースペーパー
* マスキングテープ　3種
  フォトスタンドの長い辺1周分
* ひも
  十字がけ＋ベーシックループA分

1 フォトスタンドをグラシン紙でキャラメル包みにする。
キャラメル包み ▷ P21

2 フォトスタンドをはさむようにレースペーパーをかける。写真が見える位置に調整する。

3 グラシン紙にマスキングテープを貼る。

4 ひもを十字がけにする。
十字がけ ▷ P17

5 ひもをベーシックループAで結ぶ。たれをカットして完成。
ベーシックループA ▷ P18

Point

レースペーパーやマスキングテープでアレンジを
レースペーパーは好みの柄に、マスキングテープも豊富なデザインからチョイスを。ラッピングの縦横は、中に入れる写真の向きに合わせて仕上げましょう。

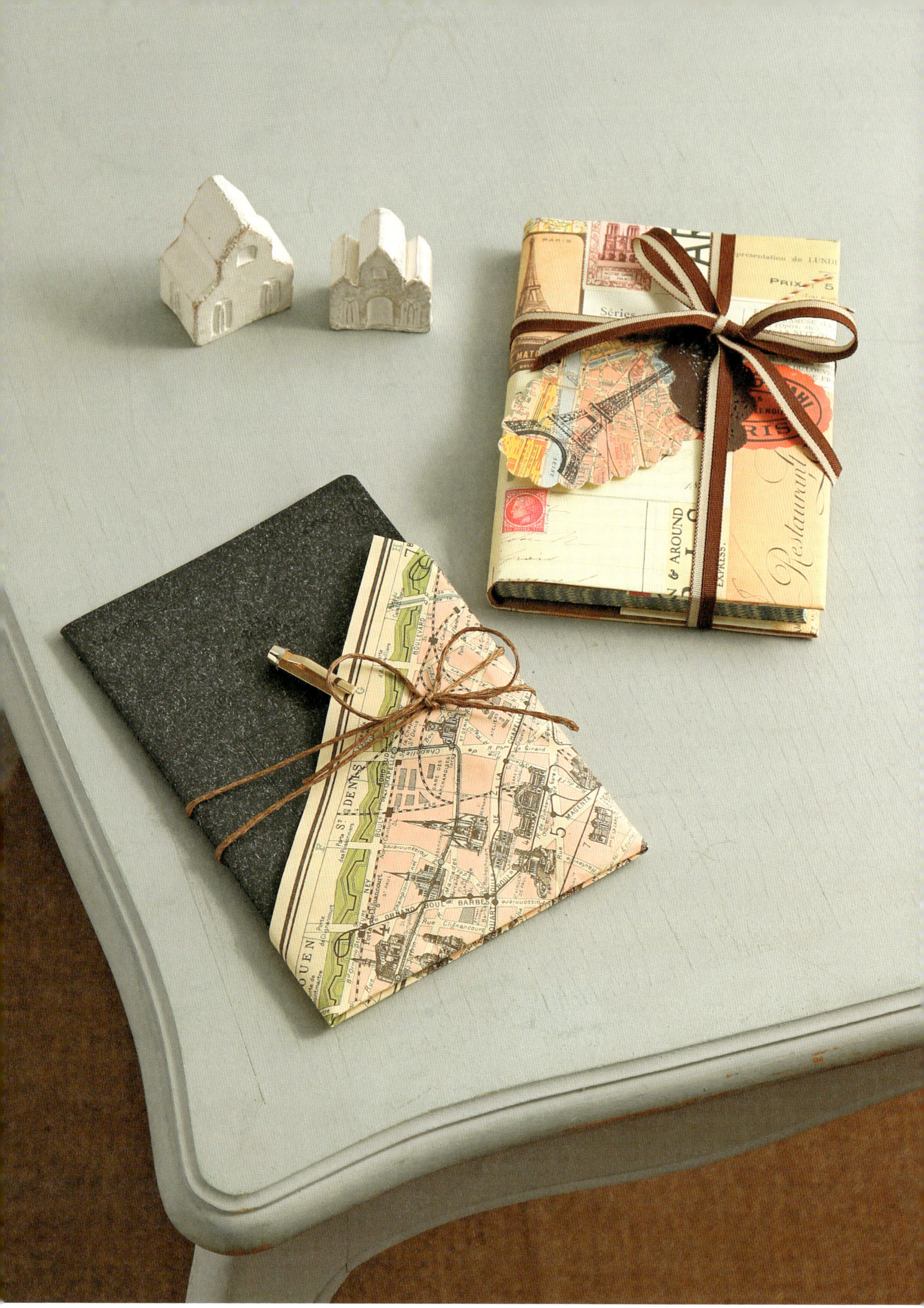
Séries
PRIX 5
EXPRESS.
BARBES
Clignancourt

本・文房具を包む

LESSON 3
アイディアたくさん、いちばんのプレゼント

本はカバーをつける要領でペーパーを巻き、しおりをプラスします。文房具はノートとペンをセットで。ノートを包むペーパーがポケット状になるので、メモやカードなどもはさめます。

【本】

材料
* 本
* ペーパー
  縦：本の縦の長さ＋10cm
  横：本の横1周半分
* リボン
  十字がけ＋ベーシックループA分
* しおり

1 ペーパーを横にし、上部を5cm折る。折り目から2mm程度下の位置に本を置き、ペーパーの下部を、本よりも2mm程度長くなるように折る。

2 本の表紙側のペーパーを、表紙の裏側に半分くらいまでかぶるように折る。上下の折り目に表紙をはさみ込む。

3 ペーパーを本の形になじませて、裏表紙側のペーパーを折る。

4 リボンを十字がけにしベーシックループAで結ぶ。オーナメントの代わりに結び目の下にしおりをはさんで完成。

十字がけ ▷ P17
ベーシックループA ▷ P18

【文房具】

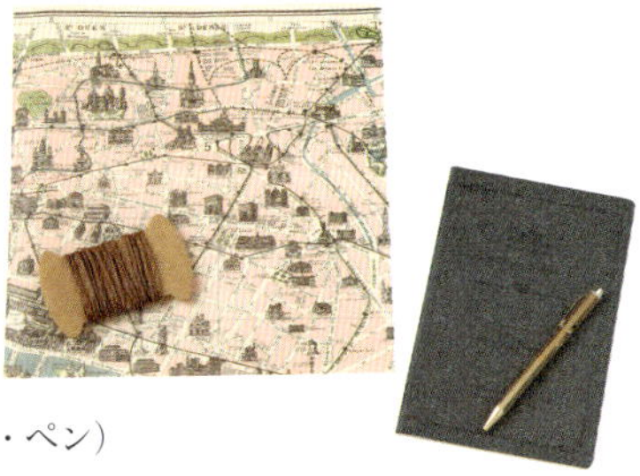

材料
* 文房具（ノート・ペン）
* ペーパー
  縦／横：対角線の長さがノートの縦の1.5～2倍の正方形
* 麻ひも
  横V字がけ＋ベーシックループA分

1 正方形のペーパーを対角線上に半分に折って三角形にし、間にノートをはさむ。

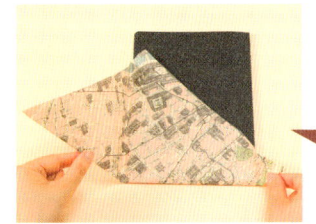

2 裏返し、ペーパーの左右を折る。左の角を右の角の袋状部分に差し込む。

3 表に返し、麻ひもを横にV字がけし、ベーシックループAで結ぶ。ペンをはさんで完成。

V字がけ ▷ P39
ベーシックループA ▷ P18

Point
手作りのしおりを添えるだけ真心アップ

本のしおりは、ポストカードとレースペーパーを好きな形にカットし、ひもを通したもの。本を開くたびにあなたの気持ちが伝わるすてきなアイテムです。

84

アクセサリーを包む

LESSON 3
アイディアたくさん、
いちばんのプレゼント

アクセサリーのイメージに合ったカードを選んで台紙にしましょう。
透明セロファンで包んだり、薄紙で窓を作り、アクセサリーが見えるように工夫します。
カードに固定できれば、ネックレス以外のものでも同じようにラッピングできます。

【A】

材料

* ネックレス
* ポストカード
* マスキングテープ
* セロファン袋
* 薄紙
  縦：ポストカードの縦の長さ＋5cm
  横：ポストカードの横1周＋のりしろ1.5cm
* ボタン
* リボン

1 カードの表にペンダントを置いて位置を決め、裏に渡したチェーンをマスキングテープで固定する。

2 カードをセロファン袋に入れ、薄紙で包む。このとき薄紙は折り目をつけるだけで、まだ貼り合わせない。

3 アクセサリーの位置に鉛筆などで円形の印をつける。薄紙を広げ、カッターで切り抜く。

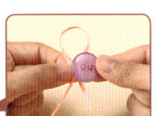

4 カードを薄紙で包む。ボタンの裏面に両面テープでリボンをつけ、カードに貼って完成。

【B】

材料

* ネックレス
* ポストカード
* マスキングテープ　2種
* セロファン
  縦：ポストカードの縦の長さ＋5cm
  横：ポストカードの横1周＋のりしろ1.5cm

1 カードの表にマスキングテープでアクセサリーを固定する。

2 カードの裏に渡したチェーンをマスキングテープで固定する。

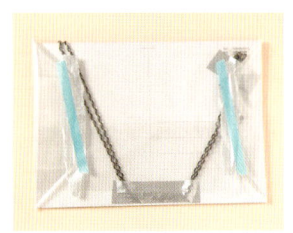

3 カードをセロファンでキャラメル包みにし、左右をマスキングテープでとめる。
キャラメル包み ▷P21

Point
余ったリボンとボタンでオーナメントに
短すぎて使えないリボンも、輪を作ってボタンと合わせるとオーナメントが作れます。シールと合わせると、より簡単に仕上がります。

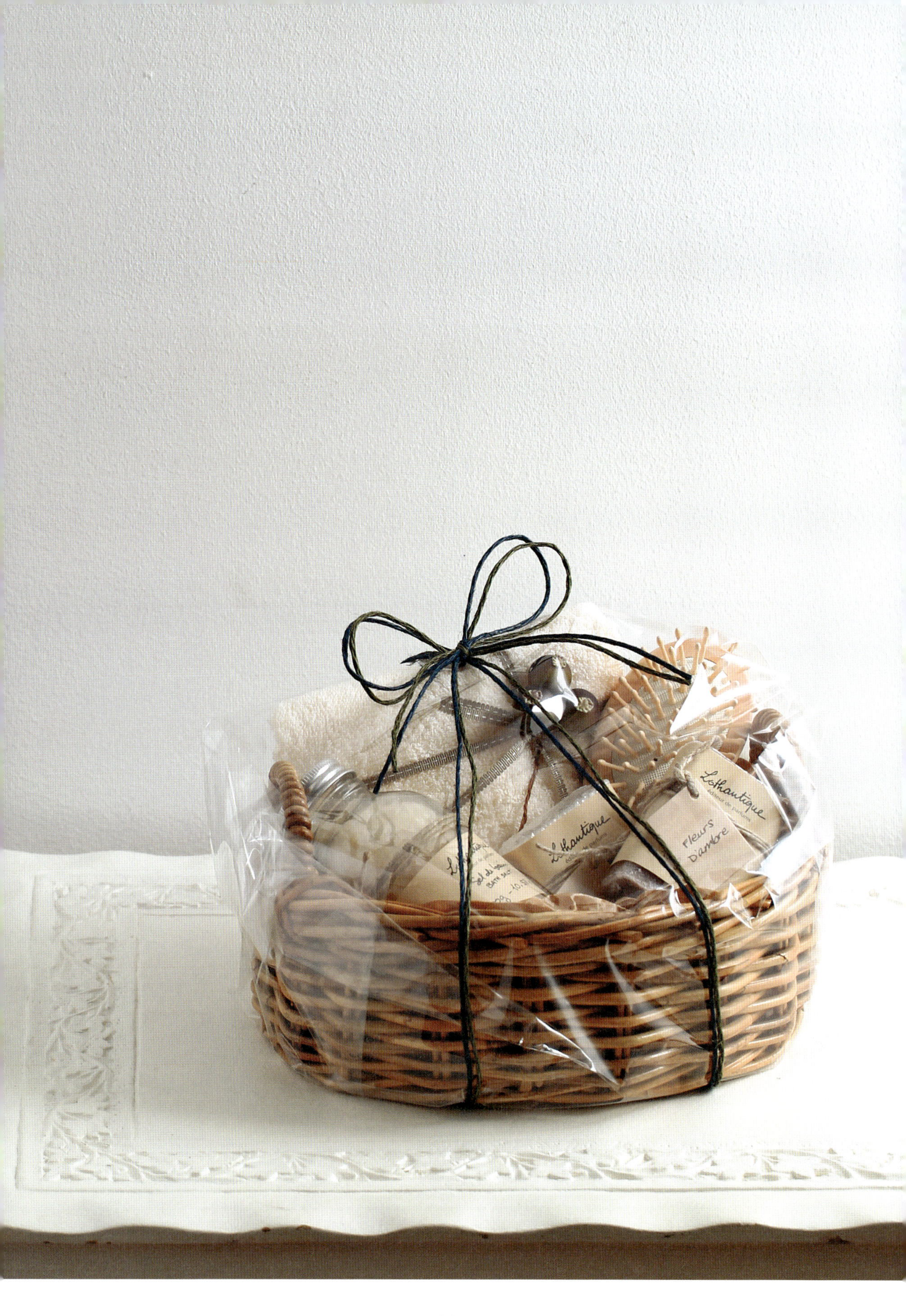
Lothantique
Lothantique
Fleurs D'ambre

小物を組み合わせて包む ①

LESSON 3
アイディアたくさん、
いちばんのプレゼント

小物をセットにして贈るときは、かごに入れると包みやすくなります。かわいいかごを見せるために、セロファンとひもでシンプルに。一緒にオーナメントを入れるなど、かごの中をすてきに演出しましょう。

材料

* バスグッズ（小物）
* かご
* ワックスペーパー
* セロファン
  縦：｛ギフト全体の高さ＋奥行｝×2＋のりしろ1.5cm
  横：ギフト全体の横＋｛高さの2/3×2｝
* 麻ひも　2種
  V字がけ＋ベーシックループA分
* オーナメント
* リボン（小物をまとめる分）

1 かごの中にワックスペーパーを敷く。クシャクシャにしたほうが敷きつめやすい。

2 タオルなど大きめのものは畳んで小さくし、細めのリボンでまとめておく。

3 大きいものから順にグッズをかごに詰める。大きいものは後方に、小さいものは前方にすると詰めやすく、見た目もよい。アクセントとなるオーナメントを入れる。

4 セロファンを全体にかけ、かごのうしろ側、下の方をセロテープでとめる。

5 かごの左右はキャラメル包みの要領でとめる。
キャラメル包み ▷ P21

6 麻ひもを2種まとめて、縦のV字がけにする。
V字がけ ▷ P39

7 麻ひもをベーシックループAで結んで完成。
ベーシックループA ▷ P18

Point
われものがあるときはパッキンを詰めて
食器などのわれものがあるときは、各食器の間にペーパーや緩衝材をはさみます。すき間にはパッキンを詰めて品物がグラつかないように固定しましょう。

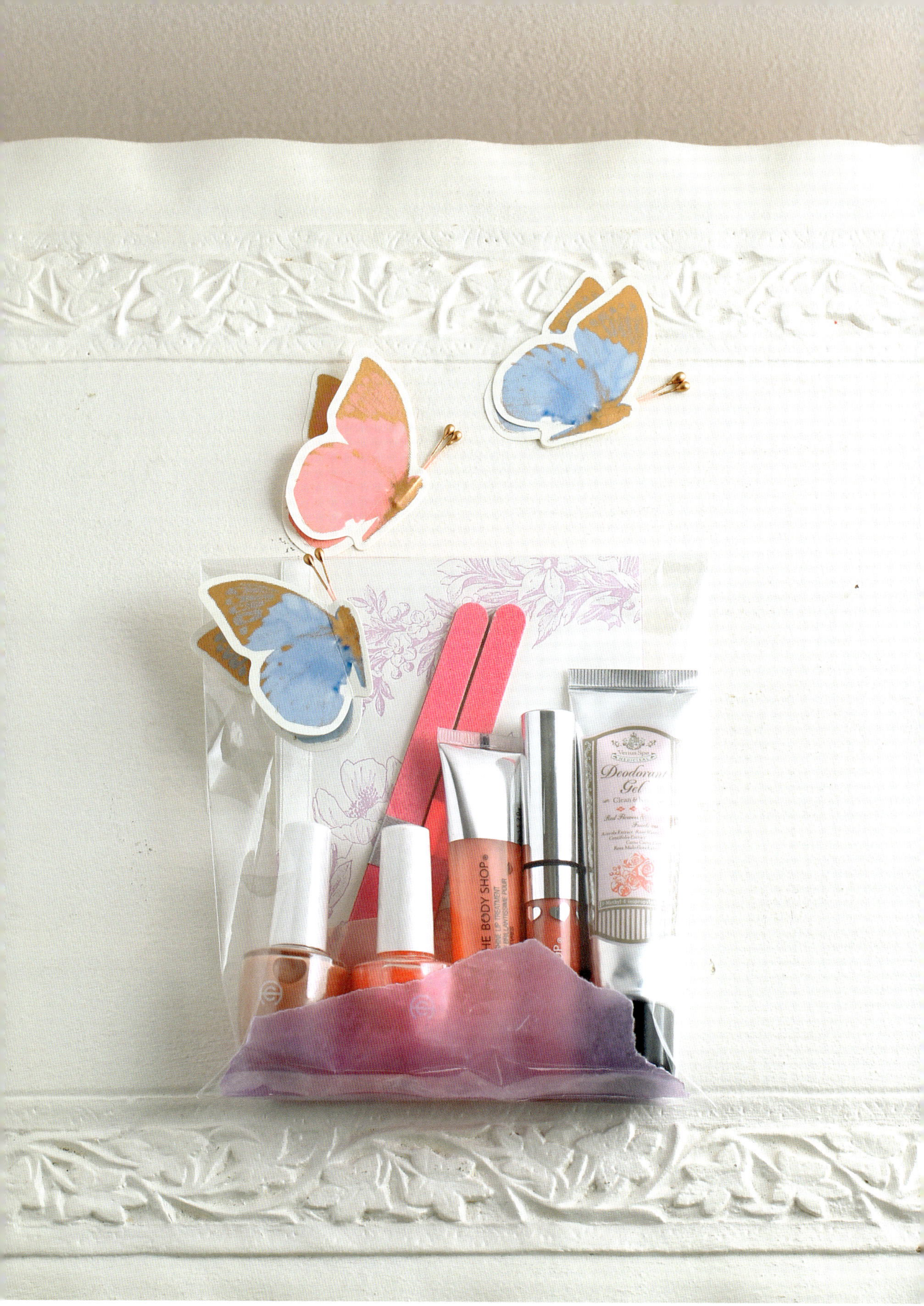
HE BODY SHOP
Deodorant
Gel

小物を組み合わせて包む②

かごを使わずに贈りたい、ちょっとしたギフトには袋でのラッピングが便利。
メッセージを書いたカードを台紙にして、小物がバラバラにならないようにします。
透明なセロファン袋は、カラーの薄紙を入れてアクセントに。

LESSON 3
アイディアたくさん、
いちばんのプレゼント

材料
* コスメグッズ（小物）
* メッセージカード
* 薄紙
* セロファン袋
* マスキングテープ
* シール

1 台紙にするカードにメッセージを書き込む。

2 マスキングテープで小物をカードに固定する。マスキングテープは粘着部分が表になるように輪にして使う。

3 薄紙を手でちぎる。横幅はセロファン袋のサイズに合わせ、縦は袋の底に敷いたときに表面に少し見えるくらいのサイズにする。

4 薄紙をセロファン袋の底に入れる。平らなセロファン袋を、指で少し立体的にしておくと、次の作業がしやすくなる。

5 薄紙の間にはさむように、カードと小物をセロファン袋に入れる。

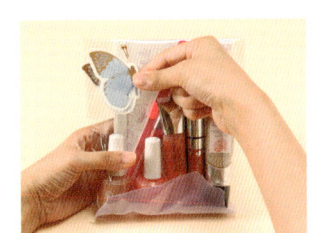

6 口は裏側に折ってマスキングテープでとめ、表側にシールを貼って完成。

Point
個性的なシールで特別感を出して

セロファン袋は少しチープに見えてしまうことも。台紙のカードや色紙、個性的な立体シールで華やかさを出しましょう。カードは品物を安定させる役割もあります。

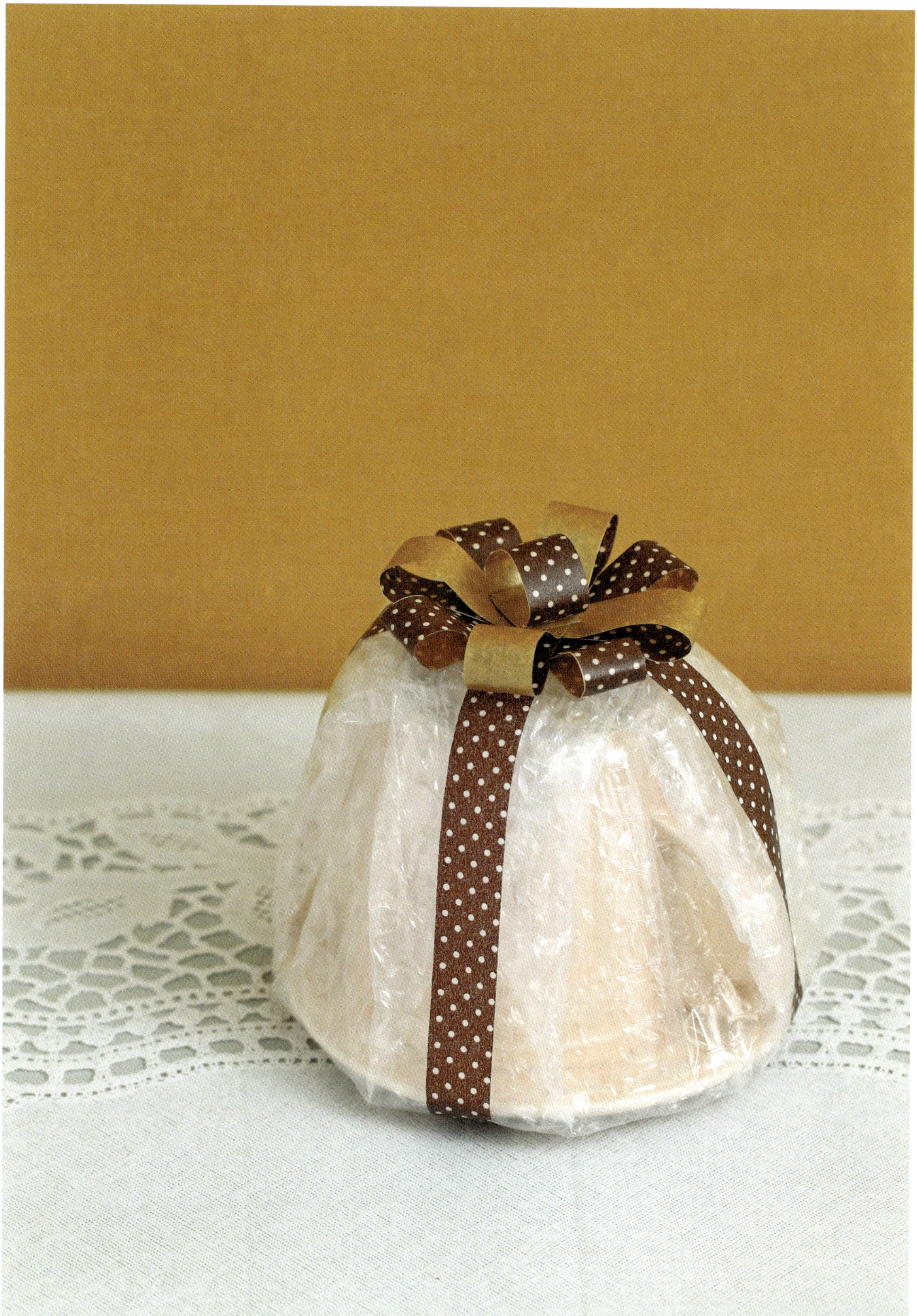

われものを包む

LESSON 3
アイディアたくさん、いちばんのプレゼント

陶器など、われものを包むときに安心なのがエアキャップ、通称「ぷちぷち」です。
でも、それだけでは単なるわれもの注意の業務用梱包になってしまいます。
マスキングテープを活用して、かわいいリボン風包装に仕上げてみましょう。

材料

* カップ&ソーサー
* エアキャップシート（大）
  縦／横：ソーサーの直径×3+3cm
* エアキャップシート（小）
  縦／横：カップの直径+2cm
* マスキングテープ　2種
  固定用：カップ&ソーサーの縦2周+のりしろ1.5cm（1種のみ用意）
  上部の飾り用：｛カップの底面直径×2+のりしろ1.5cm｝×4
  +｛カップの底面直径+のりしろ1.5cm｝

1 エアキャップシート（大）の裏面を上にして中央にソーサーを置く。ソーサーにエアキャップシート（小）を乗せ、安定させるためカップを逆さに置く。

2 エアキャップシートの左右をカップにかぶせマスキングテープでとめる。同様に手前と奥もカップにかぶせてとめる。

3 4つの角を、順番にカップにかぶせる。

4 エアキャップシートに、マスキングテープを十字に貼ってとめる。

5 2種のマスキングテープを貼り合わせ、写真のように長いリボン4本、短いリボン1本を作る。

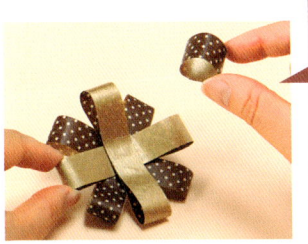

カップの底面直径+のりしろ1.5cm
カップの底面直径×2+のりしろ1.5cm

6 長いリボンで写真のような8の字を作り、両面テープで写真のように組合せる。短いリボンで作った輪をつける。

7 上部に両面テープでつけて完成。

Point
マスキングテープなら不定形のものでもOK

リボンの代わりにマスキングテープを貼って固定すると、不定形のものでもラッピングが簡単です。マスキングテープで作ったリボンは、箱につけてもよいでしょう。

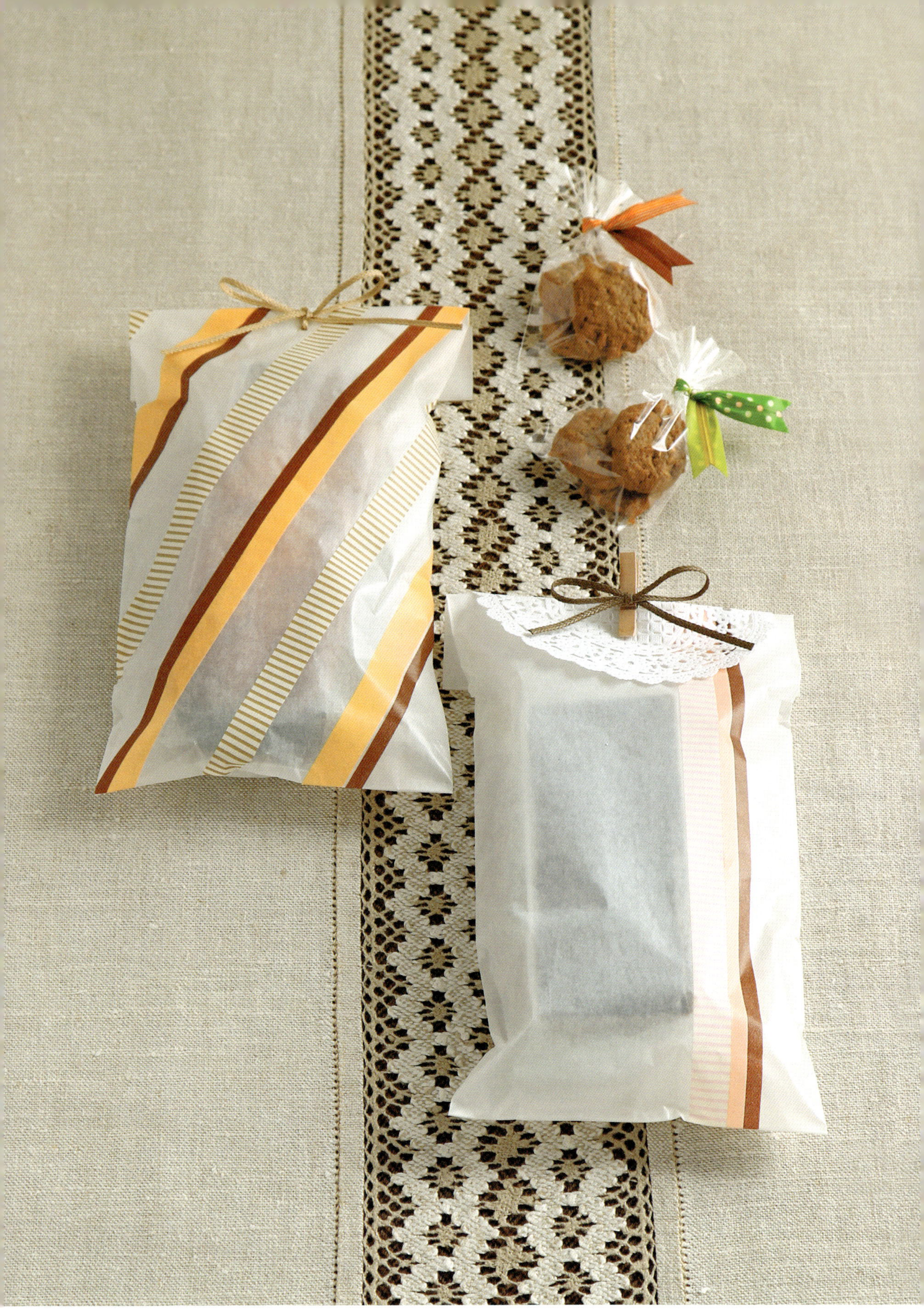

お菓子を包む

LESSON 3
アイディアたくさん、いちばんのプレゼント

袋にお菓子を入れるだけの簡単ラッピング。
口のとめ方を工夫するだけで、手作りのお菓子もおしゃれに変わります。

【パウンドケーキ】

材料
* パウンドケーキ
* グラシン紙袋
* マスキングテープ
* レースペーパー
* 木製ミニピンチ
* リボン 2種
　ベーシックループA分

1 グラシン紙袋の表面にマスキングテープを貼って模様にする。袋からはみ出すように貼り、はみ出た部分をはさみでカットすると、きれいに仕上がる。

2 袋にパウンドケーキを入れ、口を折る。マスキングテープでとめたら、パンチで穴をあける。

3 穴にリボンを通して、ベーシックループAで結ぶ。
ベーシックループA ▷ P18

4 もう一方は、袋に穴をあけずに、折り込んだ口にレースペーパーをかぶせる。リボンを結んだピンチではさむ。

【クッキー】

材料
* クッキー
* セロファン袋
* ビニタイ
* マスキングテープ

1 ビニタイにマスキングテープを両面から貼り合わせ、ワイヤーリボンを作る。

2 ワイヤーリボンの端をV字にカットする。

3 セロファン袋にクッキーを入れ、口をワイヤーリボンで巻く。

Point
マスキングテープのデザインを自由に楽しんで
マスキングテープは、さまざまな色やデザインのものが市販されています。好みのものを選んで、自由に貼り合わせ、模様やリボン作りを楽しみましょう。

column 3　なんにでも使える チャイニーズ・カートン

チャイニーズ・カートンは、もともとはアメリカの中華料理店で料理をテイクアウトするときに使われる容器。
取手つきで立体的なものが入れられ、最近ではギフトボックスとしても人気。
そのままでもかわいいのですが、ボタンシールとひもをプラスしてみました。

1 クッション材と一緒に品物を詰める。

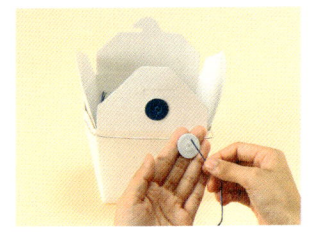

2 ボタンシール1枚はそのまま箱に貼り、もう1枚は裏面にひもをつける。

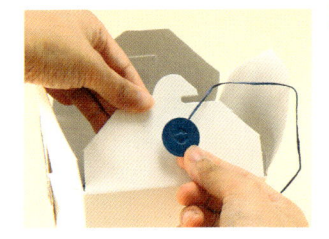

3 ひもをつけたシールを箱に貼る。

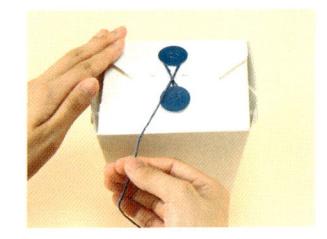

4 ふたをして、ひもを8の字を描くようにボタンシールにかけてとめる。

クッション材はいろいろなものを楽しんで

不定形のものやわれものなどを入れるときは?

品物がグラグラとしないよう、クッション材と一緒に詰めましょう。クッション材を入れてからギフトを置き、すき間を埋めるように残りのクッション材を詰めます。市販品のほかに、布、ペーパーナプキン、ぬいぐるみ、造花の花びらなども利用できます。

LESSON 4

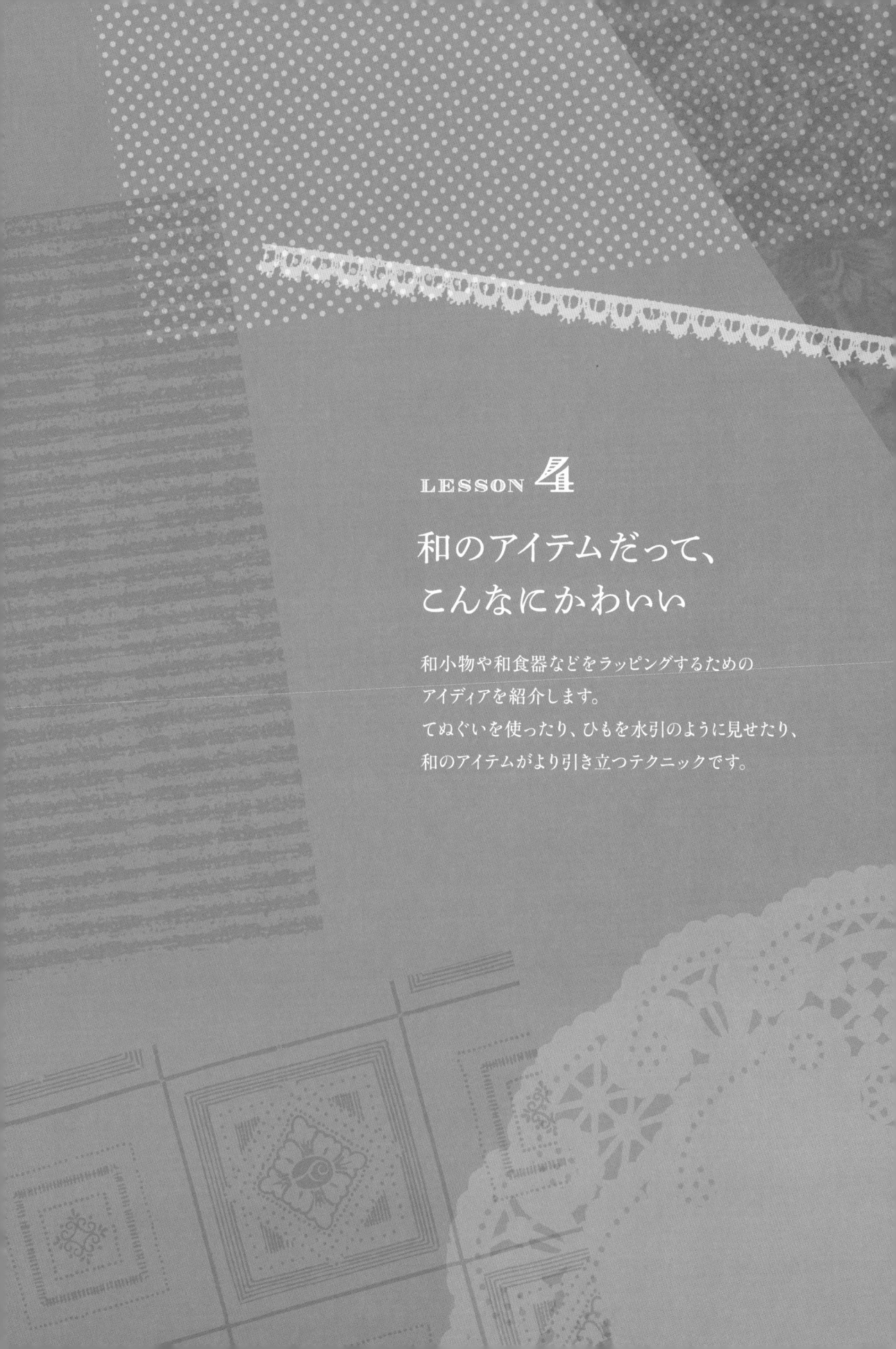

和のアイテムだって、
こんなにかわいい

和小物や和食器などをラッピングするための
アイディアを紹介します。
てぬぐいを使ったり、ひもを水引のように見せたり、
和のアイテムがより引き立つテクニックです。

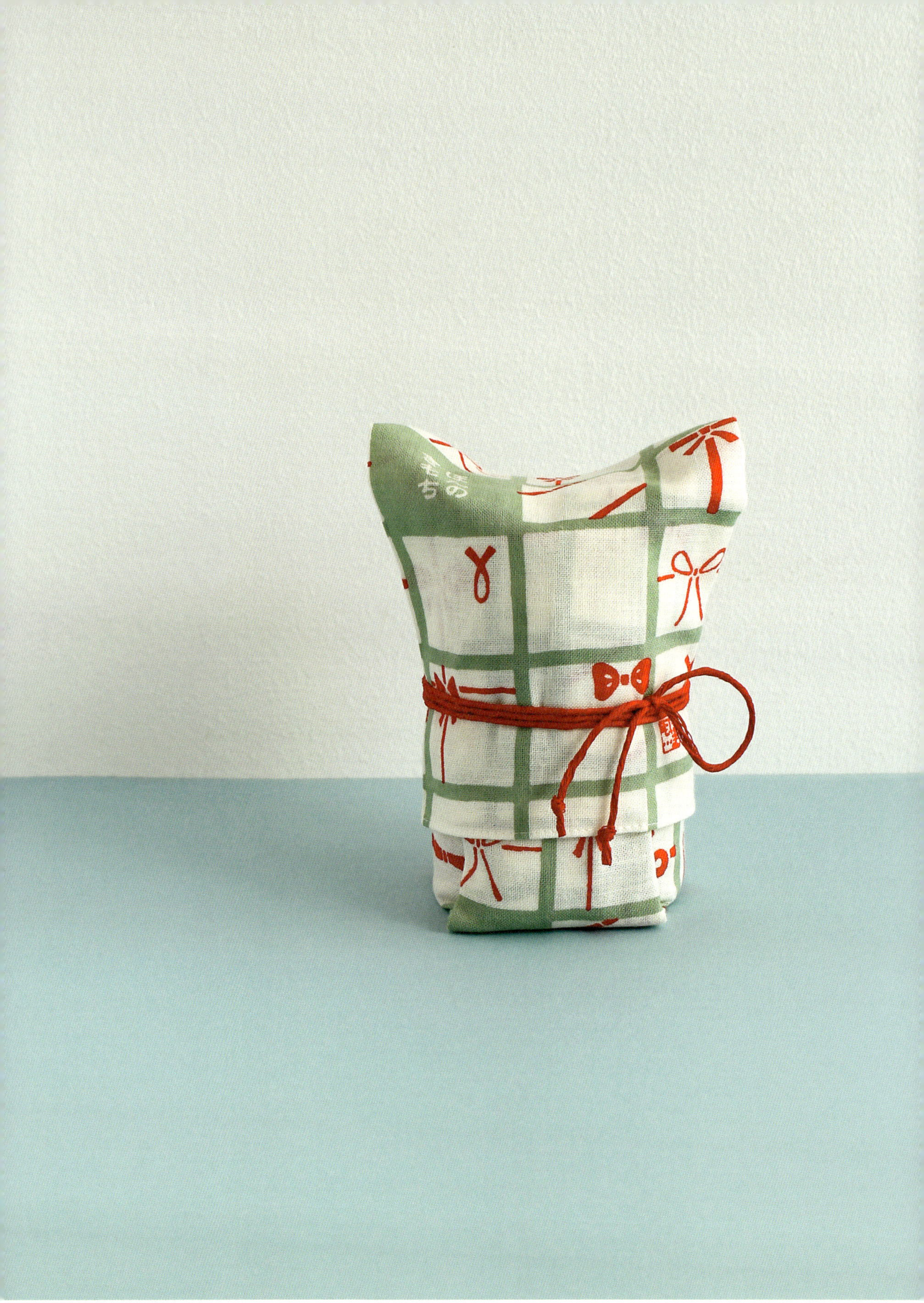

茶筒を包む

LESSON 4
和のアイテムだって、
こんなにかわいい

茶筒だけでなく筒状のものは巻きつけて包むのが基本です。
ここで使っている手ぬぐいは、通常サイズの半分の大きさのもの。
通常サイズの場合は、半分に折ってから使用するとちょうどよく包めます。

材料
* 茶筒
* 手ぬぐい
* マスキングテープ
* ひも
  茶筒の横3〜4周＋シングルループ分

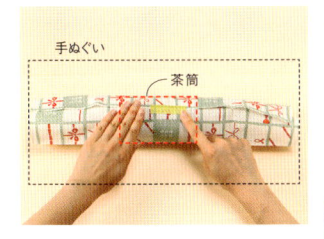

1 手ぬぐいの中心に茶筒を置き、手ぬぐいを巻きつけて、マスキングテープでとめる。

2 茶筒の底側の手ぬぐいを写真のようにつまみ、折り返す。このとき、茶筒の幅よりも細くするときれいに見える。

3 茶筒を立てて、手ぬぐいの上部を平たくして下に折る。茶筒の幅よりも広くするときれいに見える。

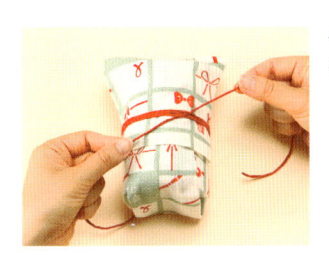

4 茶筒にひもを3〜4周巻きつける。

5 左下のひもで輪を作り、右上のひもを写真の位置に通す。

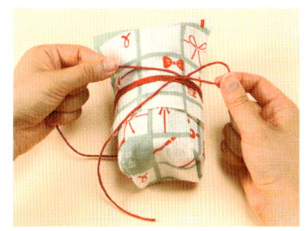

6 通したひもと輪を引いて、シングルループでしっかりと結ぶ。
シングルループ ▷ P47【ポップ】プロセス2

7 たれの先を玉結びにし、余分な部分をカットして完成。

Point
布で包む場合は、上になる方を幅広く

筒状のものを上下で重ねて包む場合は、布の下部を筒よりも細めの幅にし、上になるほうを幅広くするときれいに見えます。

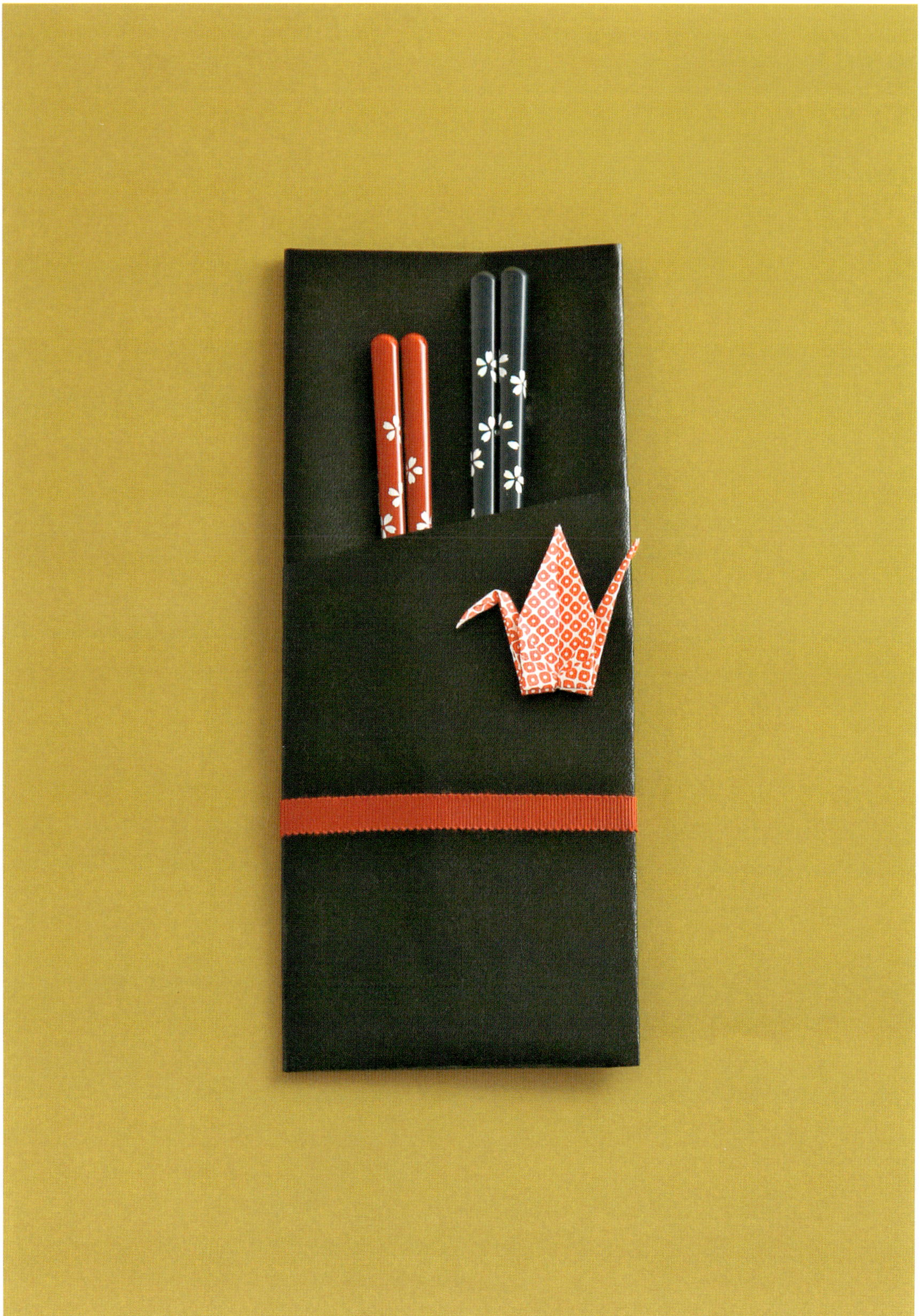

LESSON 4
和のアイテムだって、こんなにかわいい

夫婦ばしを包む

マットな黒のペーパーに赤いグログランのリボンが高級感を演出します。
はしを包むことで台紙の代わりにもなるので、ペーパーは厚めのものを選びましょう。
お祝いのギフトの場合、裏面の合わせは右側が上になるようにします。

材料
* 夫婦ばし
* ペーパー
  縦：はしの全長の2.5倍
  横：25cm
* マスキングテープ
* 千代紙（鶴を折っておく）
  75mm×75mm
* リボン
  20cm＋のりしろ1.5cm

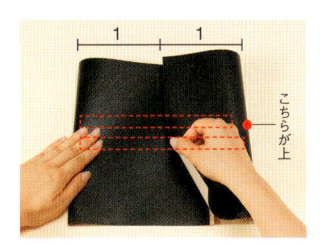

1 はしは持ち手が右にくるようペーパーの上に置き、左右のペーパーの折る位置を決める。右側を左側にかぶせた状態で、表に見えている左右の幅が1:1になる位置にする。

2 ペーパーの右側を折ったら左側を折る。次に左側の端をななめに折る。このとき、最初に折った右側のペーパーの端が見えないように注意する。

右側の端が出ないようにする

3 ペーパーを裏返しにして、左、右の順に折る。

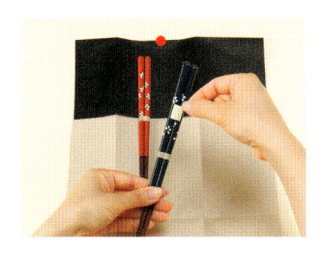

4 ペーパーを広げ、はしの持ち手がくる部分のみ折った状態で、粘着面が表になるように輪にしたマスキングテープではしを固定する。

5 2〜3で折った順にペーパーを折り、裏面は右側の袋状の部分に左側のペーパーをかませるようにはさみ込む。

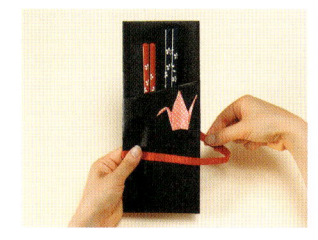

6 表に返し、千代紙の折り鶴を両面テープで貼り、リボンを巻く。

7 裏に返し、リボンの端を両面テープでとめる。このとき、右側が上になるようにする。

Point
縁起のいい折り鶴をワンポイントにして
お祝いごとにつける熨斗の代わりに、小さな折り鶴を添えました。はしはそのまま入れるだけでなく、マスキングテープで固定しておきましょう。

100

LESSON 4

和のアイテムだって、こんなにかわいい

和食器を包む

和の小皿とカトラリー、手ぬぐいのセットを包みました。
ひもを水引のように見せたり、とんぼ玉など和のアイテムを使います。
食器がぐらつかないよう、ひもをしっかりとかけましょう。

材料

* 和食器セット
* 板
* 不織布
  （クッション材に使用）
* トレーシングペーパー（厚め）
* マスキングテープ
* ひも
  Ｖ字がけ＋好みの結び方分
  （ここではシングルループ、ベーシックループＡ）
* とんぼ玉

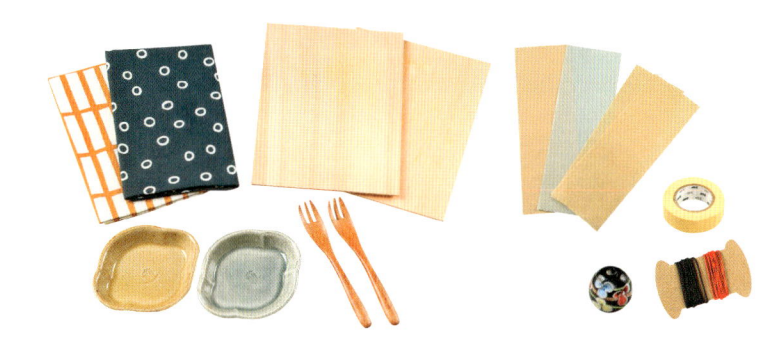

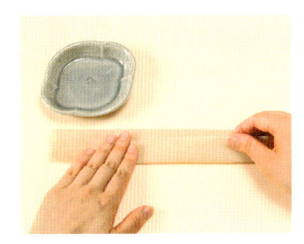

1 不織布は細長く折り、和食器に巻いてクッション材にする。裏でマスキングテープでとめる。

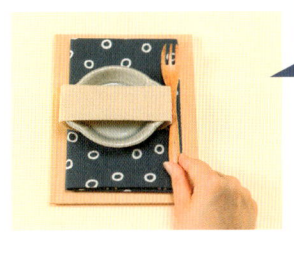

2 マスキングテープで粘着面が表になるように輪を作り、小物すべてを板に固定させる。

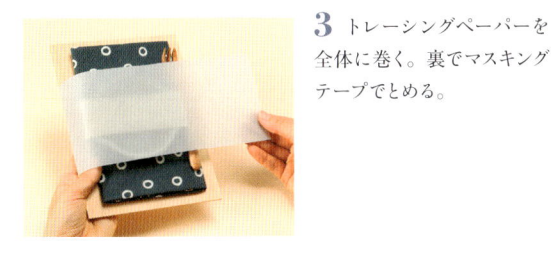

3 トレーシングペーパーを全体に巻く。裏でマスキングテープでとめる。

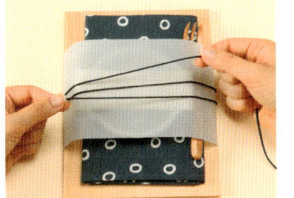

4 和食器に巻いた不織布の部分にかかるように、ひもを横に3回巻く。

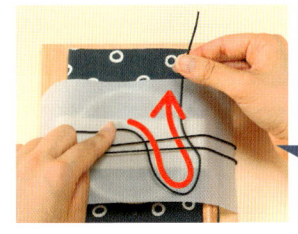

5 上のひもは残り2本のひもの下をくぐらせる。下のひもにはとんぼ玉を通す。

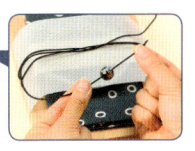

6 とんぼ玉を通したひもで輪を作り、シングルループで結ぶ。たれをカットする。
シングルループ ▷ P47【ポップ】プロセス2

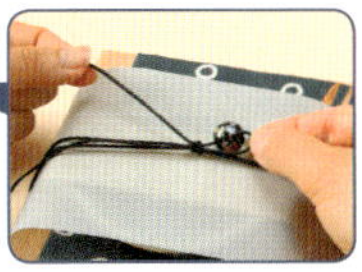

7 とんぼ玉がないものはベーシックループＡで結ぶ。たれの先を玉結びにして余分をカットする。両脇をＶ字に広げて完成。
ベーシックループＡ ▷ P18

Point

われものはクッション材をはさんで固定を

われものにひもをかけるときは、クッション材をはさみます。小物を固定する場合は、両面テープではなくマスキングテープを使うと贈り物に粘着跡が残りません。

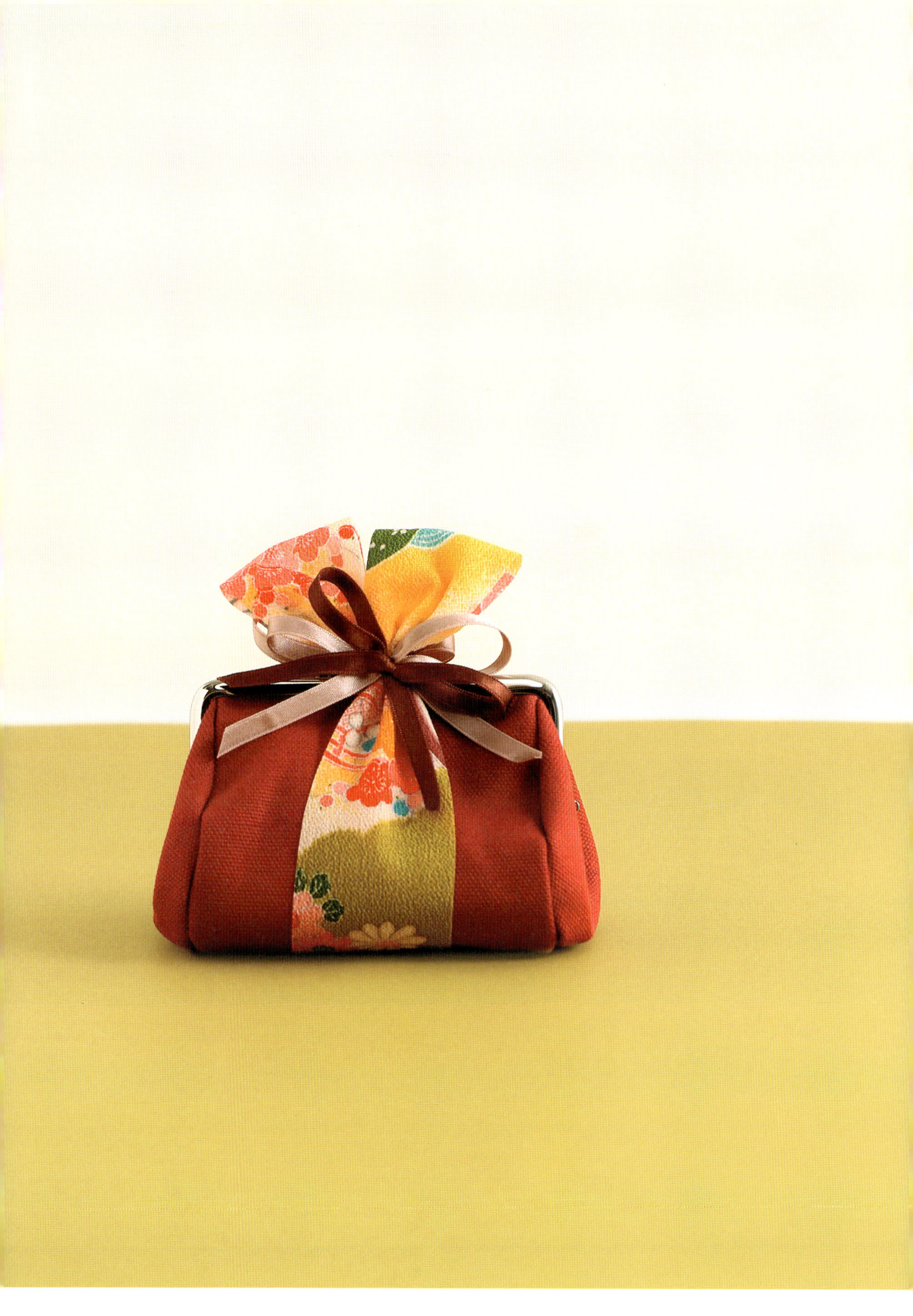

和小物を包む

幅広いサイズがあるがま口は、粋な贈り物になる人気の和小物。
リボンをかけたままでも口が開けられるようにすれば、中に小さなギフトを入れることもできるので、
がま口自体をすてきなラッピングアイテムとして使ってみました。

LESSON 4
和のアイテムだって、
こんなにかわいい

材料
* がま口
* リボン（太）
  がま口の縦1周+20cm
* リボン（細）2種
  ベーシックループA分×2

1 リボン（太）の先が均等な長さになるように、がま口に縦にかける。

2 一方のリボン（太）の先端を輪ができるように折る。

3 リボン（細）を使って、がま口の留め金部分とリボン（太）をベーシックループAで結ぶ。
ベーシックループA ▷P18

4 もう片方のリボン（太）も同じように留め金に結ぶ。こちらはリボンを固くしめずにゆるめにしておく。

5 リボン（細）の結び目に、もう1種のリボン（細）を通し、最初に結んであったリボン（細）を固くしめる。

6 2本目のリボン（細）をベーシックループAで結び、品物を入れて完成。

Point
がま口の柄にあわせてリボンを選ぶ

シンプルな無地のがま口には、ちりめん風の和柄のリボンを合わせました。がま口に柄が入っている場合は、柄の中の1色を選んで無地のリボンにすると引きしまります。

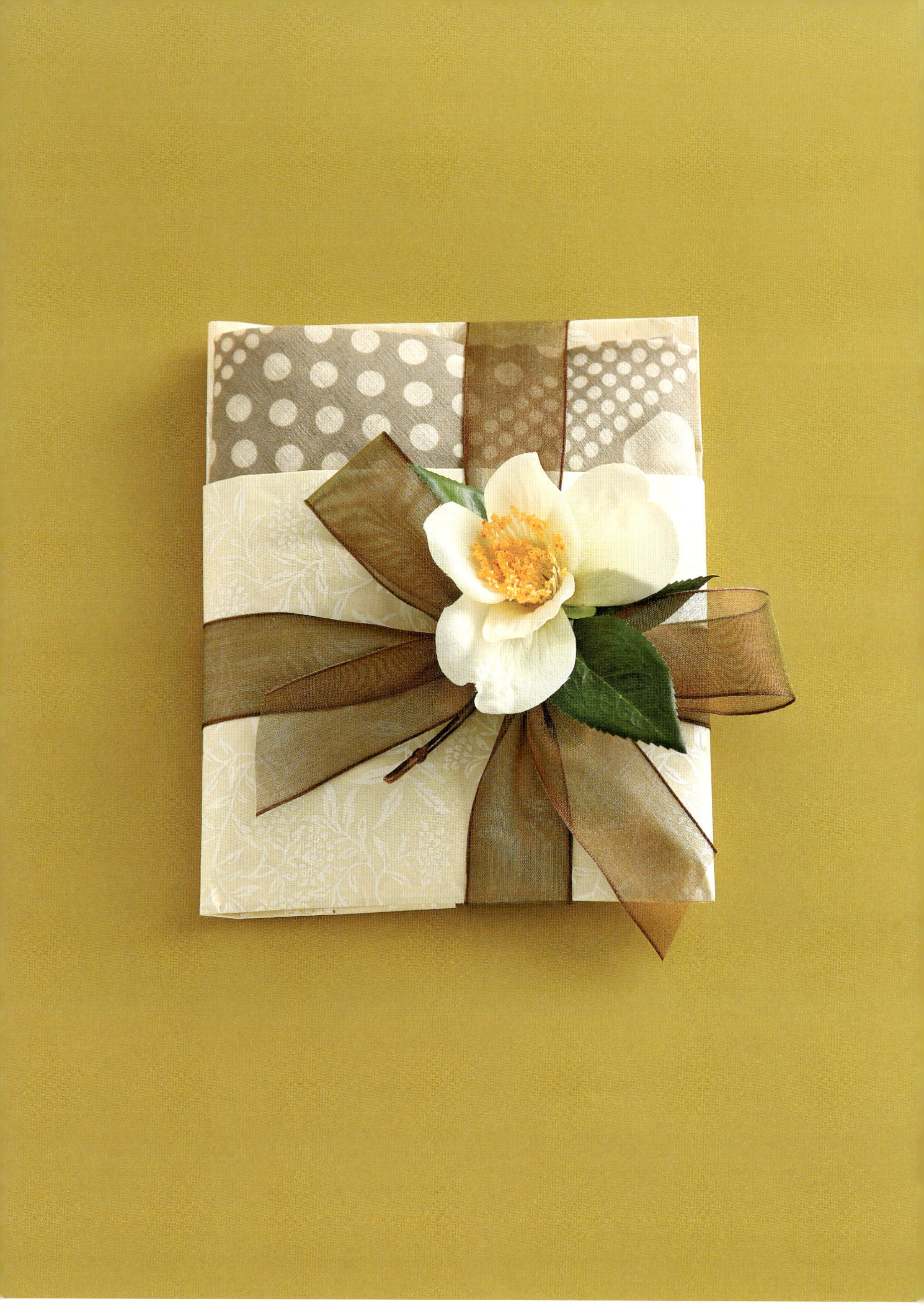

LESSON 4
和のアイテムだって、こんなにかわいい

ふろしきを包む

ふろしきの柄を見せながら、太いリボンと大きな造花を使ってシックに、高級感が出るように仕上げます。
衣類などの布製品にも応用できるラッピングです。

材料
* ふろしき
* ペーパー
  縦：畳んだふろしきの縦の3.5倍
  横：畳んだふろしきの横の2.5倍
* リボン
  十字がけ＋ベーシックループA分
* 造花

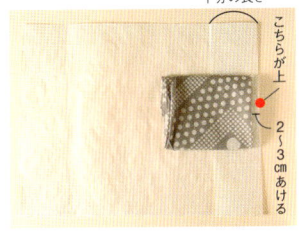

1 ペーパーを横にし、右をふろしきの半分程度の幅に折り、写真のようにふろしきを置く。上になる部分はペーパーが2〜3cm見えるようにする。

2 ペーパーの左側をふろしきにかぶせるようにして、写真のように三つ折りにする。

3 裏に返し、ふろしきの幅に合わせて、左、右の順に折る。

4 右側のすき間に、左側全体をかませるように差し込む。

5 造花の茎を8cm程度の長さにカットする。

6 リボンを十字がけにし、ベーシックループAで結ぶ。このとき結び目をきつくしめる前に、造花の茎をさす。
十字がけ ▷ P17
ベーシックループA ▷ P18

7 造花の茎をさしたまま、リボンをきつくしめる。たれをカットして完成。

Point
造花を大胆にあしらって上品な雰囲気に
大きな造花はそのままで存在感のあるあしらいになります。小さな造花は複数まとめて、ブーケのようにしてもいいでしょう。花の種類でイメージも変わります。

106

LESSON 4

和のアイテムだって、こんなにかわいい

和菓子を包む

ケースに入れた和菓子のラッピングです。
こんぺい糖のイメージで、1つずつ違う色のペーパーでしぼり包みにしました。
薄紙を使っているので、和菓子の繊細さが感じられる仕上がりです。

材料
* 和菓子
  6cm×6cmのケースに入ったもの
* ペーパー（薄紙）　3種
  縦／横：30cm×30cmの正方形
* ひも　3種
  しぼり3〜4周＋ベーシックループA分

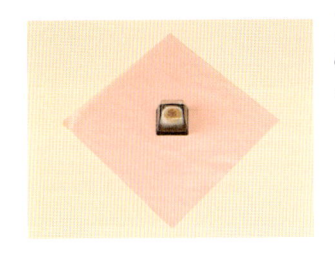

1 ペーパーを写真の向きにして、中央に和菓子を置く。

2 ペーパーの奥と手前の角を持ち上げる。

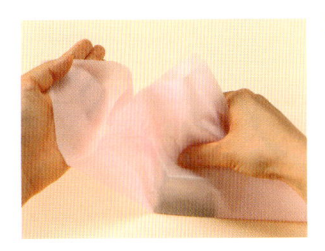

3 右手で奥と手前のペーパーを和菓子の上でおさえ、ペーパーの左側の角を持ち上げる。

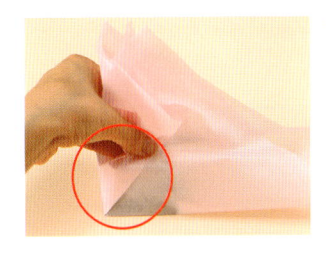

4 持ち上げた左側のペーパーを、側面が三角形になるように調整しながら折る。

5 ペーパーの右側も同じように折る。写真のように側面が三角形になるようにする。根元をしぼり、上部を整える。

6 しぼり部分をひもで3〜4周巻く。

7 ひもをベーシックループAで結んで完成。
ベーシックループA ▷ P18

Point
しわができやすい薄紙はていねいに扱って

ラッピングのポイントは三角形になった側面です。薄紙はしぼり包みがしやすい反面、しわになりやすい素材でもあるので、角を持ち上げるときもやさしく扱いましょう。

column 4　慶事・弔事の包み方のマナー

日本のギフトは慶弔の違いで、包むときの合わせが異なります。
さまざまな場で失礼にならないよう包み方のマナーを覚えておきましょう。

ラッピングペーパーのマナー

【ななめ包み】

最初に箱を置く向きが慶弔で違います。慶事の場合は箱の上部が左側に、弔事の場合は上部が右側になるように置きます。

慶事の場合の上部　　弔事の場合の上部

慶事
慶事の包み方では上にあきができます。裏面に返すと、ペーパーの右側が上になっています。

上　上にあきができる　下

弔事
弔事の包み方では下にあきができます。裏面に返すと、ペーパーの左側が上になっています。

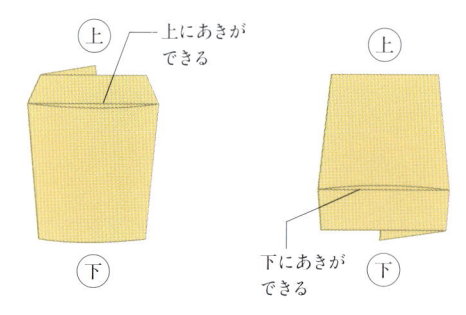

上　下にあきができる　下

【キャラメル包み】

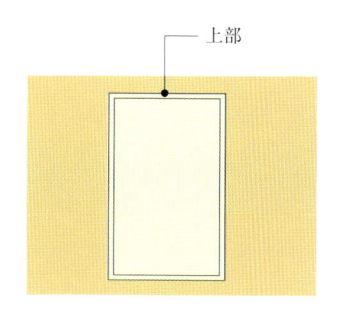

上部

箱の置き方は慶弔で違いはありません。箱の上部が奥になるように置きます。

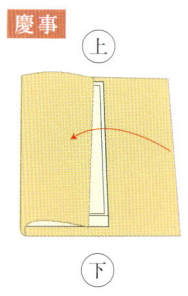

慶事
上　下
ペーパーを左側、右側の順にかけます。

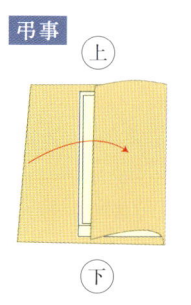

弔事
上　下
ペーパーを右側、左側の順にかけます。

のし紙のマナー

【のし紙のかけ方】

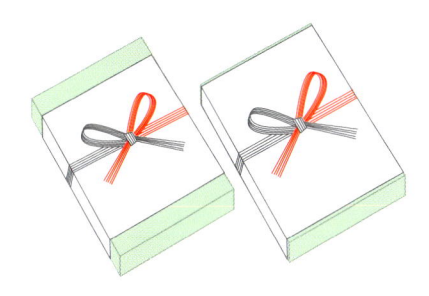

のし紙の縦の長さは、箱の天地と同じか、数cm短い程度のものを選びます。

慶事　弔事

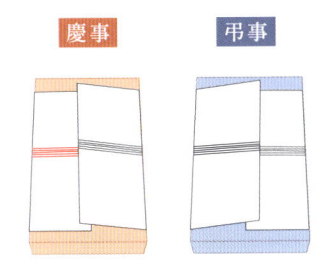

裏面の角でのし紙の左右が重なる場合は、慶事では右側を上に、弔事では左側を上にします。

のし紙の種類

のし紙やのし袋にかけられる水引にはいくつか種類があります。慶事と弔事はもちろんですが、結び方も目的に応じて変わりますので注意しましょう。

紅白の水引はお祝いに使います。蝶結びのように、一方を引くとほどける結び方は、一般的な慶事、お中元、お歳暮などに用います。

一方を引いても結びがほどけない結び切りの水引は、結婚祝い、お見舞いなどに用います。結婚祝いでは金銀の水引を使うこともあります。

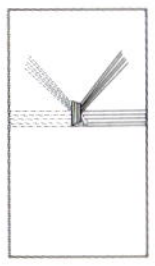

黒白や双銀の結び切りの水引は、仏式や神式の香典、供物、香典返しなどに使用します。キリスト教式では水引は使いません。

これはNG!　のし紙が大きいからと、はさみでカットするのはやめましょう。「縁を切る」につながります。

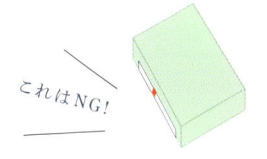

これはNG!　のし紙が箱の側面までしかないものは避けましょう。裏面まで届くサイズを選びます。

ふろしきのマナー

【ふろしきの包み方】

慶事

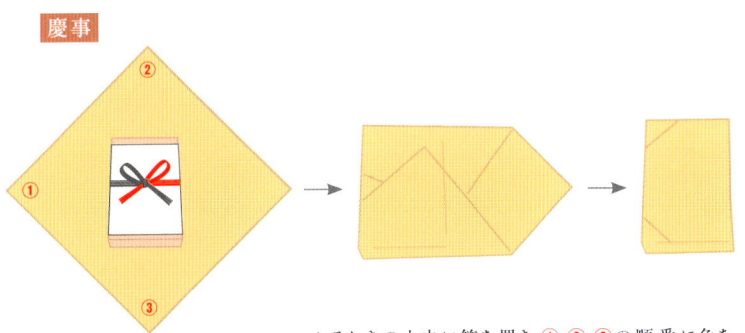

ふろしきの中央に箱を置き、①、②、③の順番に角をかぶせていきます。最後に右の角をかぶせ、あまった分は箱の下に折り込みます。

弔事

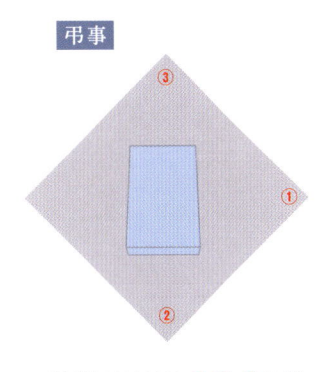

慶事とは反対に、①、②、③の順にふろしきの角をかぶせます。

金封のマナー

【中包み】

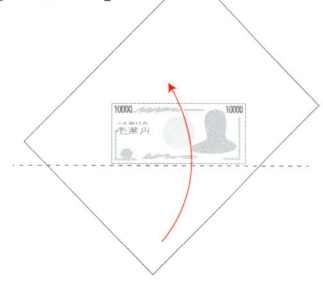

1 奉書紙を図のように斜めにして、お札を表にして置く。奉書紙の手前を折る。

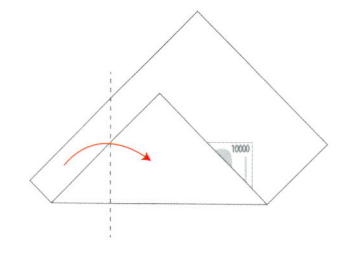

2 お札の大きさに合わせて奉書紙の左側を折る。

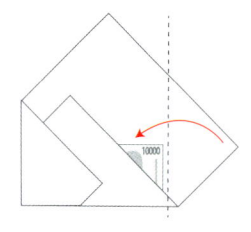

3 2と同じように、お札の大きさに合わせて奉書紙の右側を折る。

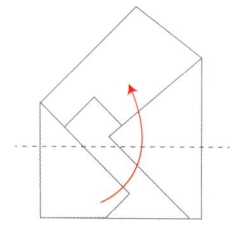

4 お札の大きさに合わせて、下から上に折る。

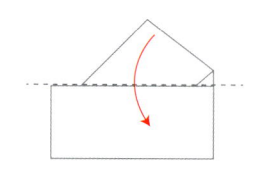

5 残った部分を手前に折る。

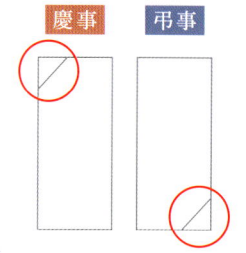

6 表に返す。このとき、慶事は三角形の部分が左上になり、弔事は右下になる。

【上包み】

慶事

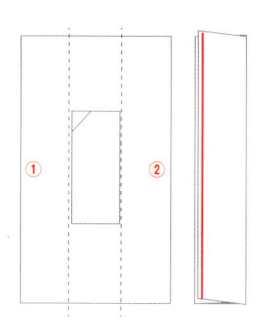

1 奉書紙の中央に中包みを置き、①、②の順に縦に折る。

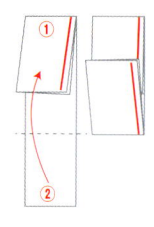

2 裏返して、①、②の順に折る。慶事では「喜びで上を向く」の意味で、下側が上になるように重ねる。

弔事

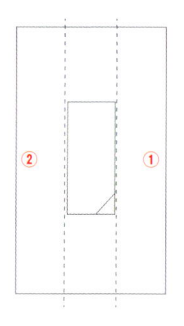

1 奉書紙の中央に中包みを置き、①、②の順に縦に折る。

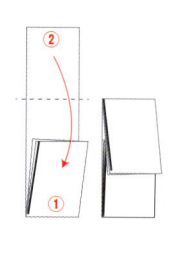

2 裏返して、①、②の順に折る。弔事では「悲しみで下を向く」の意味で、上側が上になるように重ねる。

ふくさのマナー

【金封の包み方】

慶事

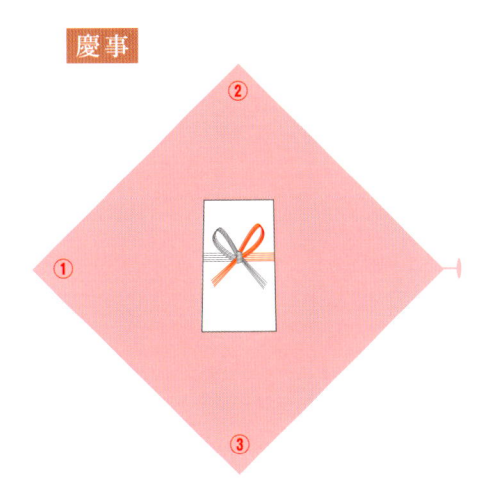

> **慶事で使うふくさ**
> 色は、えんじ、赤、ピンクなどの明るい色か紫にします。柄入りの場合は、おめでたい鶴、松、鳳凰などを選びます。

1 ふくさはつめが右側になるように広げ、金封を中央に置く。

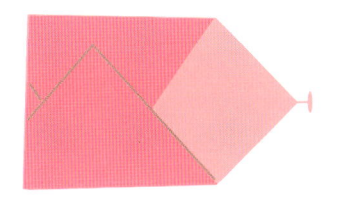

2 ふくさの角を、1の図の①、②、③の順にかぶせる。

3 最後に右の角をかぶせ、つめをとめる。

弔事

> **弔事で使うふくさ**
> 色は、紺、グレー、黒などにします。紫は弔事でも使えます。柄入りの場合は、蓮、菊などを選びます。

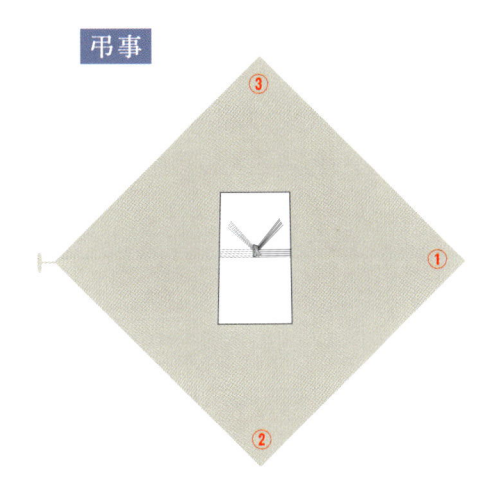

1 ふくさはつめが左側になるように広げ、金封を中央に置く。

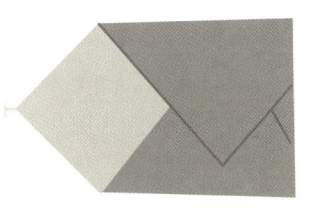

2 ふくさの角を、1の図の①、②、③の順にかぶせる。

3 最後に左の角をかぶせ、つめをとめる。

【著者プロフィール】

制作者
本多 菜緒子 ほんだ・なおこ

2002年に株式会社包む入社。包むファクトリー相模大野店店長を経て、2010年より東京本社・ショップ事業部マネージャーに。包むファクトリー東京エリアを統括し、メディア取材などの窓口を担当。全国で開催しているラッピング講習会の講師なども務める。

包むファクトリー

全国に店舗を展開するラッピングの専門店。ラッピング関連グッズの販売のほか、持ち込みギフトのラッピングサービスも行い、そのセンスのよさには定評がある。「ラッピングは主役ではなく、ギフトシーンを演出するもの」という考えのもと、きれいに包むことだけでなく、開けやすさも重視し、贈られた人がスムーズに中身を手にすることができるラッピングを提案している。

作品制作協力／包むファクトリー
　　　　　　　（熊田 真由美、原山 菜緒、内藤 麻寸美）
装丁・本文デザイン／武村 彩子（フレーズ）
スタイリング／諸橋 昌子
撮影／天野 憲仁（日本文芸社 写真室）
撮影協力／アワビーズ　TEL 03-5786-1600
編集協力／株式会社フロンテア、倉本由美（プライズヘッド）

かんたん、かわいい、たのしい
ラッピングレッスンBOOK（ブック）

2012年11月30日　第1刷発行

著　者　　包むファクトリー
発行者　　友田 満
DTP製版　株式会社明昌堂
印刷所　　玉井美術印刷株式会社
製本所　　株式会社越後堂製本
発行所　　株式会社日本文芸社
〒101-8407　東京都千代田区神田神保町1-7
TEL 03-3294-8931（営業）　03-3294-8920（編集）
Printed in Japan　112121121-112121121 Ⓝ 01
ISBN978-4-537-21057-6
URL http://www.nihonbungeisha.co.jp/
ⒸTSUTSUMU COMPANY LIMITED 2012

乱丁・落丁本などの不良品がありましたら、小社製作部宛にお送りください。送料小社負担にておとりかえいたします。法律で認められた場合を除いて、本書からの複写・転載（電子化を含む）は禁じられています。また、代行業者等の第三者による電子データ化及び電子書籍化は、いかなる場合も認められていません。　　（編集担当：角田）